Soy un estudioso de la voluntad, la Palabra y los caminos de Dios. Estas tres cosas, conforman un hilo de tres cuerdas que no se rompe fácilmente. Ryan LeStrange teje estos tres elementos en esta obra reveladora llamada *La unción de Jocabed*, la cual contiene una enseñanza increíble y aguda para nuestros días. Aplaudo la obra del Señor a través de su recipiente escogido para el momento en que estamos viviendo.

—James W. Goll
Fundador de God Encounters Ministries
Autor, orador, instructor en comunicaciones y músico

Los consejos que ofrece este libro lo ayudarán a recorrer el camino que lo llevará a descubrir el llamado de Dios para su vida. Ryan posee una importante unción de revelación, y a través de este libro ayudará a miles en todo el mundo a desbloquear el destino que Dios tiene para ellos. Más que un colega, Ryan es mi familia. Permítame recomendarle personalmente este libro e invitarlo a que se sumerja en la nueva visión que Ryan revela a lo largo de él.

—John Eckhardt
Autor del éxito de ventas, *Oraciones que derrotan a los demonios*

Cuando leí el título: *La unción de Jocabed*, me pregunté: ¿Qué unción es esta? Nunca había escuchado hablar de ella. Pero cuando comencé a leer esta magistral obra de Ryan LeStrange, no pude soltarla. Me encantan los valores representados en este libro y la fe poderosa que despierta en el corazón. Ahora me apasiona procurar que la plenitud de cada aspecto de la unción Jocabed esté activada en mi vida. ¿Qué es la unción de Jocabed? Adquiera el libro y reciba tanto la comprensión como la unción, y luego adquiera ejemplares para sus amigos.

—Dra. Patricia King
Autora, ministra cristiana y presentadora de televisión

El libro más reciente de Ryan LeStrange, *La unción de Jocabed*, es todo un aliciente para las madres, especialmente aquellas que son cristianas de primera generación, a que sean valientes y lleven la gloria de Dios. De hacerlo, su familia recibirá un influjo sobrenatural que alcanzará a las generaciones venideras. Y tal vez, como leemos que ocurrió en las vidas de Jocabed y Moisés, puedan llegar a ser «madres de gloria» que den a luz naciones enteras en la gloria de Dios.

—Jennifer Eivaz
Fundadora, Harvest Ministries International
Autora de los libros, *Seeing the Supernatural* y *Glory Carriers*

LA UNCIÓN

DE

JOCABED

RYAN LeSTRANGE

LA UNCIÓN

DE

JOCABED

CASA
CREACIÓN
Para vivir la Palabra

Para vivir la Palabra

MANTENGAN LOS OJOS ABIERTOS,
AFÉRRENSE A SUS CONVICCIONES,
ENTRÉGUENSE POR COMPLETO,
PERMANEZCAN FIRMES,
Y AMEN TODO EL TIEMPO.
—1 Corintios 16:13-14 (Biblia El Mensaje)

La unción de Jocabed por Ryan LeStrange
Publicado por Casa Creación
Miami, Florida
www.casacreacion.com
2019 Derechos reservados

Library of Congress Control Number: 2019945960
ISBN: 978-1-62999-269-3
E-book: 978-1-62999-270-9

Desarrollo editorial: *Grupo Nivel Uno, Inc.*
Adaptación de diseño interior y portada: *Grupo Nivel Uno, Inc.*

Publicado originalmente en inglés bajo el título:
   The Jocabed Anointing
   Publicado por Charisma House,
   A Charisma Media Company, Lake Mary, FL 32746 USA
   Copyright © 2019 por Ryan LeStrange
   Todos los derechos reservados.

Visite la página web del autor: www.ryanlestrange.com

Nota de la editorial: Aunque el autor hizo todo lo posible por proveer teléfonos y
páginas de internet correctos al momento de la publicación de este libro, ni la editorial
ni el autor se responsabilizan por errores o cambios que puedan surgir luego de haberse
publicado.

Impreso en Colombia

24 25 26 27 28 LBS 9 8 7 6 5 4 3 2 1

Dedico este libro a mi alma gemela, a mi amiga,
mi pareja y amor eterno: Joy LeStrange.
Nuestro viaje ha sido hermoso y ha estado lleno de aventuras.
Has estado a mi lado en las buenas y en las malas,
y en cada una de las experiencias de la vida.
Me amas incondicionalmente y haces de mi mundo
un lugar mejor. ¡Eres el amor de mi vida!

CONTENIDO

PRÓLOGO

ESTOY MUY EMOCIONADA de escribir el prólogo de este increíble libro. Me encanta el apóstol LeStrange, y me encanta todo aquello en lo que él invierte su tiempo. Es un orador profundo que conoce muy bien casi todos los espíritus que usted pueda imaginar. He tenido el honor de trabajar con él, lo cual no es poca cosa para mí. Desde el momento en que el apóstol LeStrange me dijo que estaba escribiendo sobre este tema, supe que este libro dejaría huella en todo aquel que lo leyera, y vaya, ¡no me equivoqué!

La unción de Jocabed fortalecerá su fe a medida que le revela a una mujer increíble que, a pesar de no ser muy conocida, fue llamada por Dios para cumplir un propósito extraordinario. Jocabed dio a luz a Moisés, aquel que sacó a Israel de la esclavitud en Egipto. Dentro de su útero, ella llevó la respuesta que toda una nación estaba esperando.

Jocabed no era solo una mujer de fe, sino una mujer de gran fe. Hay una diferencia entre tener fe y tener una gran fe. Tener una gran fe nos ayuda a dar pasos milagrosos. Jocabed hizo un gran sacrificio para proteger a su hijo durante un momento de gran adversidad, probando con ello que cuando somos obedientes y estamos dispuestos a sacrificarnos, Dios se encarga de cuidarnos. Jocabed entregó a su hijo para que lo criara otro, pero Dios finalmente se lo devolvió. Ella misma pudo amamantar a Moisés y convertirlo en ese hombre que transformaría al mundo.

En este libro, el apóstol LeStrange nos enseña que, así como Dios levantó a Jocabed, Él nos puede levantar a nosotros para que demos a luz grandes cosas. Así como usó a Jocabed para producir algo poderoso, Dios nos usará, incluso en nuestra debilidad, para revelar su gloria. Nosotros también podemos caminar en la unción que ella tenía en su vida.

Uno de los aspectos que más me gusta de este libro es que nos enseña que las bendiciones vienen a través de nuestro linaje familiar. Jocabed era de la tribu de Levi, lo que significa que tenía linaje sacerdotal. El apóstol LeStrange nos dice: "La unción de Jocabed fluye a través de las familias. Dios es el que elige a las personas correctas para que estén en nuestra vida, con el propósito de que nos ayuden a encontrar nuestro destino. Él tiene un plan y un propósito para nuestra familia física y espiritual". Si Dios nos bendice, su plan es bendecir a toda nuestra familia física, y también a nuestra familia espiritual.

Este libro también le ayudará a tener consciencia sobre la importancia de las personas que usted mantiene a su alrededor, ya que revela misterios sobre nuestro destino individual y colectivo. Incluso, revela las características de aquellos que transforman el mundo y ofrece preguntas al final de cada capítulo que pueden ayudarle a comenzar a moverse en esta poderosa unción.

¡Me encanta este libro! Y estoy segura de que su lectura lo llevará cada vez más alto. ¡Prepárese para recibir esta bendición!

—Kimberly Jones-Pothier (Real Talk Kim)
Copastora, Church of the Harvest

AGRADECIMIENTOS

¡ES IMPOSIBLE COMPLETAR un proyecto como este sin ayuda! De hecho, el mensaje de este libro nació y se predicó por primera vez en la iglesia de una poderosa líder espiritual. El día que entré en su iglesia, sentí cómo el mensaje ardía dentro de mí. En aquel momento no tenía idea de que llegaría a convertirse en un libro.

Gracias a mi equipo de editores, incluida mi madre Eileen Hromin.

Gracias a mi equipo, a mis amigos del ministerio, a los voluntarios y a los socios. Su ayuda ha sido invaluable. Sé que no podría hacer nada de lo que hago sin su amor y dedicación. Son unas gemas de gran valor.

Gracias a la Sra. Ronnie Burch, mi dedicada, decidida, amable y amorosa madre espiritual. Eres una Jocabed moderna, llena de gloria y poder. Gracias por tu fiel ejemplo.

Gracias al equipo editorial de Charisma House.

Y finalmente, gracias a todos los que han hecho suyo el llamado a la gloria. Son unos campeones, y el mundo es mejor gracias a su esfuerzo.

INTRODUCCIÓN

UNO DE LOS principales desafíos de la vida es la búsqueda de sentido, significado y propósito. La pregunta del millón de dólares parece ser: «¿Para qué vinimos a este mundo?». Todos sentimos que hay algo más que de las simples rutinas mundanales de la vida. Como creyentes, sabemos que somos llamados a amar a Jesús y a compartir su amor en un mundo perdido y moribundo. Eso está muy bien, pero esas son apenas las piezas más grandes del rompecabezas. Aún hay más.

"¿Cuál es el plan general de Dios para mi vida?". "¿Qué se me pide específicamente que haga?". "¿Con quiénes debo trabajar para lograrlo?". "¿Por qué a veces todo pareciera demorarse?". Todos nos hemos hecho estas preguntas alguna vez. Necesitamos hacer una pausa para reflexionar, sintonizarnos con Dios y escuchar la voz del Padre en busca de instrucciones y respuestas que tranquilicen nuestro corazón y nuestra mente.

En realidad, cada uno de nosotros fue hecho con un propósito hermoso y único. El Creador del cielo y de la tierra nos creó con peculiaridades, habilidades y talentos para su plan majestuoso. Esta es la verdadera razón de nuestro papel en el plan maestro de Dios.

> "Porque los caminos del hombre están ante los ojos de Jehová, y Él considera todas sus veredas".
> —Proverbios 5:21

> "Reconoced que Jehová es Dios; Él nos hizo, y no nosotros a nosotros mismos; pueblo suyo somos, y ovejas de su prado".
> —Salmo 100:3

"Señor, digno eres de recibir la gloria y la honra y el poder;
porque tú creaste todas las cosas, y por tu voluntad existen y
fueron creadas".

—Apocalipsis 4:11

A lo largo de este libro examinaremos la fascinante vida de Jocabed, la madre de Moisés, una de las mujeres más famosas de la Biblia. Al estudiar su vida encontramos fascinantes perlas de sabiduría y la revelación de algunos misterios. También encontramos respuestas a muchas de las preguntas de la vida, así como esperanza y soluciones donde el enemigo solo ha creado grandes problemas.

También tendremos acceso a una unción y capacidades inusitadas. Esto es a lo que yo llamo *la unción de Jocabed*, la cual generará bendición y liberación. Es la súper unción de Dios en nuestra vida, su poder manifiesto para cumplir un propósito. Es una unción transcendental y poderosa. Debemos romper la esclavitud, cumplir nuestra misión y realizar nuestros sueños.

Jocabed fue llamada por Dios para que cumpliera un propósito extraordinario: no solo dar a luz a Moisés, sino también entregarlo por completo al servicio del Padre. La matriz de Jocabed fue la respuesta a las súplicas de toda una nación. La unción de Jocabed está hoy también disponible para nosotros, a fin de dar a luz a algo mucho más grande de lo que conocemos, ser parte de una historia mayor de la que ahora vivimos, soportar el desierto, permanecer ocultos, y luego salir a vencer. Ya sea que usted tenga dones proféticos o no, este libro será de mucho beneficio para su vida; aunque creo que todo individuo con el don profético necesita leer este libro y entender la unción de Jocabed.

¡Jocabed dio a luz a un amigo de Dios! Y nosotros somos llamados en esta hora a hacer proezas a través de nuestras *relaciones*. Dios conversó cara a cara con Moisés y declaró que lo conocía y que estaba satisfecho con él. ¡La recompensa de esta entrega es victoria e intimidad con Dios! Dios te invita a soñar con Él, a construir una vida junto a Él, y a tomar

riesgos de su mano. La unción de Jocabed da a luz amistad y una generación llena de poder.

Es hora de desvelar los misterios y de dar a luz lo que el cielo nos ha
llamado a traer a este mundo. Prepárese para un viaje hasta el fondo del
corazón y los misterios de Dios a medida que desvelamos la unción de
Jocabed.

> "Y Jehová dijo a Moisés: También haré esto que has dicho, por
> cuanto has hallado gracia en mis ojos, y te he conocido por
> tu nombre".
>
> —Éxodo 33:17

Capítulo 1

¿QUÉ ES LA UNCIÓN DE JOCABED?

En UNA OCASIÓN, me dirigía a una iglesia para predicar, como lo he hecho miles de veces. Mi mensaje estaba preparado y yo estaba listo. Acababa de comenzar un estudio sobre la vida de Moisés y el Señor me había revelado varias cosas. En particular, me sentí atraído por su madre Jocabed y el tremendo sacrificio que ella hizo para mantener oculto a su hijo y protegerlo en medio de un momento de mucho peligro.

Tenía todo eso fresco en mi mente cuando escuché la voz del Señor hablarme claramente: "¡Quiero que prediques sobre la unción de Jocabed!". A nuestro Padre le gusta mucho practicar el sentido del humor conmigo. Pareciera que le encanta llevarme al límite, sorprenderme y hacerme tener que confiar de manera absoluta en sus planes. Sin duda lo estaba volviendo a hacer esta vez.

Me reí y le dije al Señor que no tenía ningún mensaje preparado sobre ese tema y que de hecho no sabía lo que era eso. No sé si debí presentar un argumento tan débil delante de Dios, porque soy profeta y sé bien lo que implica. Así son las cosas con Dios y sus llamados a que salgamos de aquello a lo que estamos acostumbrados y lanzarnos a aguas profundas. No podemos ser profetas sin arriesgarnos.

La gente profética sabe cómo moverse en el *presente*, y sabe cómo meterse en la acción. La gente profética sabe ceder sus labios a Dios. Estas experiencias revelan los pensamientos de Dios y desvelan misterios.

Una de las palabras hebreas traducida como «profeta» es *nabi*[1], que significa "brotar, como de una fuente [...] declarar". Una imagen vívida de esto la tenemos en el Salmo 45:1, que dice: "Rebosa mi corazón palabra buena; dirijo al rey mi canto; mi lengua es pluma de escribiente muy ligero". Cuando el *nabi* se abre, rebosa la revelación y nuestra lengua adquiere un significado profético.

> "Pero hay un Dios en los cielos, el cual revela los misterios, y Él ha hecho saber al rey Nabucodonosor lo que ha de acontecer en los postreros días. He aquí tu sueño, y las visiones que has tenido en tu cama".
>
> —Daniel 2:28

Daniel se movía en el reino profético de los sueños y las visiones, y Dios le abrió su sabiduría oculta para que dirigiera la nación. Entre las funciones de los profetas está dar respuestas y revelaciones. La unción profética desentraña misterios.

Somos carnales y la unción profética podría hacernos sentir un poco incómodos, ya que nos obliga a ir más allá de nuestro propio entendimiento limitado. Es adentrarse a la mente y sabiduría ilimitadas de Dios. Hay quienes prefieren no tener esa unción profética y la capacidad de escuchar las palabras del cielo. La función de la unción es responder a preguntas profundas y a los desafíos de cada día, así como desvelar la sabiduría oculta, ir más allá de lo que se ha hecho y avanzar con la confianza puesta en Dios.

> "Él revela lo profundo y lo escondido; conoce lo que está en tinieblas, y con Él mora la luz".
>
> —Daniel 2:22

> "Dándonos a conocer el misterio de su voluntad, según su beneplácito, el cual se había propuesto en sí mismo".
>
> —Efesios 1:9

Yo hace mucho que aprendí a avanzar en la fe y confiar en el Padre cuando Él me pide que haga algo. La obediencia y la fe son dos ingredientes claves de toda manifestación milagrosa. Cuando Dios me dijo aquella mañana que predicara sobre la unción de Jocabed, le respondí en la fe que sí y le permití que llenara mi boca y fortaleciera mi mente. Sin pensarlo dos veces, me zambullí de cabeza en el reino *nabi*, donde las palabras brotan como una fuente.

De ese encuentro con Dios, obtuve este mensaje que escribo. Ese día Dios me sacudió a mí y a los asistentes, mientras nos adentrábamos a un ámbito divino poco común. La esclavitud comenzó a derretirse bajo el fuego de su presencia.

DIOS SE MUEVE A TRAVÉS DE LAS FAMILIAS

"Un varón de la familia de Leví fue y tomó por mujer a una hija de Leví".

—Éxodo 2:1

Jocabed era descendiente de la casa de Leví. Estaba casada con Amram, y ambos provenían del linaje sacerdotal. Dios los eligió para concebir al libertador que haría realidad la promesa de liberar a su pueblo de la esclavitud.

El clamor del pueblo de Dios subía hasta su presencia. Dios preparó a un improbable libertador que se levantaría en medio de una historia milagrosa de protección, poder y libertad. Y Dios eligió aquellos dos recipientes para que fueran parte de su plan milagroso.

Dios usa a familias comunes para cumplir sus propósitos y el destino, pero eso no se limita a las familias de sangre. Pablo describió a Timoteo como su "verdadero hijo en la fe" (1 Tim. 1:2). Su relación nos muestra que los hijos espirituales pueden recibir impartición de la misma manera que los hijos biológicos. Ambos reciben dones espirituales y materiales. Timoteo heredaría el manto apostólico de Pablo para dirigir una iglesia y un ministerio poderosos, y esto sucedió a través de su relación y conexión familiar.

La unción de Jocabed fluye a través de las familias. Dios es el que elige a las personas correctas para que estén en nuestra vida, con el propósito de que nos ayuden a encontrar nuestro destino. Él tiene un plan y un propósito para nuestra familia física y espiritual, así como escogió a los descendientes de Leví para cumplir su propósito en esta tierra.

"Y este será mi pacto con ellos, dijo Jehová: El Espíritu mío que está sobre ti, y mis palabras que puse en tu boca, no faltarán de tu boca, ni de la boca de tus hijos, ni de la boca de los hijos de tus hijos, dijo Jehová, desde ahora y para siempre".

—Isaías 59:21

"Porque yo derramaré aguas sobre el sequedal, y ríos sobre la tierra árida; mi Espíritu derramaré sobre tu generación, y mi bendición sobre tus renuevos; y brotarán entre hierba, como sauces junto a las riberas de las aguas".

—Isaías 44:3–4

"Camina en su integridad el justo; sus hijos son dichosos después de él".

—Proverbios 20:7

Estos versículos nos dan una vislumbre sobre cómo Dios obra con las bendiciones generacionales y familiares. Cuando el Espíritu de Dios se mueve sobre alguien en una familia, busca moverse *en toda* la familia. Hay poder en las conexiones. Dios conecta a algunas personas con otras a través de la familia, de las redes, de la iglesia o de los diversos ministerios, para derramar bendiciones e impulsar el potencial de cada uno de ellos. ¡Había un propósito divino en el linaje de Jocabed! Dios tenía planes especiales para su descendencia.

¡El diablo siempre trata de bloquear lo que Dios comienza! Gran parte de la guerra por nuestras familias no son más que técnicas de distracción. El enemigo quiere que estemos tan concentrados en lo que él hace, trama y planea, de manera que nos olvidemos de los propósitos de Dios para nuestra familia. Repito, esta guerra no es solo física sino también espiritual. El enemigo trata de meterse en la iglesia y los ministerios para distraernos y desviarnos de los propósitos de Dios. Siembra semillas de conflicto y de división, intentando anular la bendición de nuestra casa.

Jocabed y Amram, ambos de la tribu de Leví, tuvieron tres hijos: Aarón, María y Moisés. Dios envió tres transformadores al mundo a través de esta pareja. ¡Qué clase de unción para parir liberación!

DIOS SE MUEVE A TRAVÉS DE LA FE

Jocabed no era solo una mujer de fe, sino una mujer con una *gran* fe. Hay una diferencia entre ambas cosas. Una gran fe nos da poder para llevar a cabo milagros. Amram y Jocabed son mencionados en el libro de los Hebreos como ejemplos de una gran fe. Más adelante examinaremos lo que se dice de ellos en el libro de Hebreos, pero por ahora quiero enfocarme en esa fe valerosa que demostraron.

Jesús mencionó esta clase de fe cuando sanó al siervo del centurión. Por ser gentil, este hombre estaba excluido del pacto, pero su fe conmovió a Jesús. No solo hizo que Jesús le prestara atención, ¡sino que obtuvo una respuesta de él! Dios contesta a las personas que tienen una gran fe. El centurión entendió el rango de Jesús en el espíritu y exigió su autoridad; entendió el poder de la palabra hablada, y simplemente le pidió a Jesús que hiciera lo que tenía la potestad de hacer.

"Entrando Jesús en Capernaum, vino a Él un centurión, rogándole, y diciendo: Señor, mi criado está postrado en casa, paralítico, gravemente atormentado. Y Jesús le dijo: Yo iré y le sanaré. Respondió el centurión y dijo: Señor, no soy digno de que entres bajo mi techo; solamente di la palabra, y mi criado sanará. Porque también yo soy hombre bajo autoridad, y tengo bajo mis órdenes soldados; y digo a este: Ve, y va; y al otro: Ven, y viene; y a mi siervo: Haz esto, y lo hace. Al oírlo Jesús, se maravilló, y dijo a los que le seguían: De cierto os digo, que ni aun en Israel he hallado tanta fe. Y os digo que vendrán muchos del oriente y del occidente, y se sentarán con

Abraham e Isaac y Jacob en el reino de los cielos; mas los hijos del reino serán echados a las tinieblas de afuera; allí será el lloro y el crujir de dientes. Entonces Jesús dijo al centurión: Ve, y como creíste, te sea hecho. Y su criado fue sanado en aquella misma hora".

—Mateo 8:5–13

Un centurión romano maravilló a Jesús. Los soldados romanos no eran conocidos precisamente por ser amigos de los judíos, ni tampoco los judíos les tenían mucho cariño que se diga a los romanos. He descubierto algo asombroso sobre esta clase de fe: pasa por encima de cualquier barrera, incluso las barreras culturales. Se aferra a las promesas de Dios sin tener en cuenta lo que el hombre considera aceptable.

Como romano, este hombre seguramente tenía ideas paganas. Lo habían asignado a Palestina para cumplir las órdenes y las leyes del emperador sobre el pueblo judío. Con seguridad había abusado de su autoridad y su poder. Ninguno de nosotros habríamos esperado que Jesús se maravillara de este hombre, ¡pero lo hizo! Este es un ejemplo perfecto de lo que Jesús vino a hacer a este mundo: derribar el muro del pecado y la separación, para que todos pudieran alcanzar la salvación. Este encuentro es una ilustración de su gracia.

Creo que la manera en que el centurión romano comprendía el reino espiritual fue lo que hizo que Jesús se maravillara de su fe. Él sabía que todo lo que Jesús decía, sucedía; sabía lo que era el poder de Dios en acción. Así es la revelación.

La revelación da origen a la fe, y la fe hace que los hilos se muevan de un ámbito a otro. Si queremos acceder a este reino de unción y de gloria, es necesaria una fe extraordinariamente grande.

Jocabed y Amram poseían una fe extraordinariamente grande, y por eso Dios los eligió para que dieran a luz una nueva dimensión de gloria y liberación para el pueblo de Israel. Recibieron la asignación en un contexto de dominio tiránico y terror: abundaban las persecuciones atroces contra el pueblo hebreo, el faraón amenazaba y asesinaba a niños hebreos y la esclavitud demoníaca abundaba. Aparentemente, Dios los había abandonado, ¡pero en verdad estaba obrando en silencio!

Si nos hubiera tocado vivir en aquella época y soportado el sufrimiento de los hebreos, seguramente nos habríamos sentido olvidados y exclamado: "¿Dónde está la promesa de liberación de Dios?". "¿Cuándo Dios terminará todo esto?". "¿Por qué Dios le permite al faraón que actúe tan injustamente?". Estas eran preguntas entendibles en aquel momento, y Dios estaba moviendo silenciosamente las piezas para realizar una poderosa obra de liberación para su pueblo.

DIOS ACTÚA DE ACUERDO A SU TIEMPO

"A fin de que no os hagáis perezosos, sino imitadores de aquellos que por la fe *y la paciencia* heredan las promesas".
—Hebreos 6:12, énfasis añadido

La gente con el don profético debe entender cuán fundamental es el elemento del tiempo divino. Muchas veces reclamamos una promesa, pero no vemos o sentimos su cumplimiento en el tiempo en que creemos necesitarla. Es aquí donde la fe y la paciencia son fundamentales. La unción de Jocabed es sensible al tiempo y ha de tener activo el fruto de la paciencia.

Creo que Dios ya ha hecho grandes prodigios y traído liberación en el ámbito espiritual. ¡Muchos están fecundándose de una visión profética, mientras Dios prepara los corazones para un repunte de su poder! Dios está trabajando silenciosamente, pero requiere paciencia de nuestra parte.

Y *paciencia* es el acto de ser pacientes. Profundicemos un poco más en esto para entenderlo mejor. Según el diccionario en línea de *Webster*, *paciencia* significa: "Soportar dolores o pruebas con calma y sin quejarnos. Manifestar tolerancia bajo provocación o tensión. Persona no apresurada o impetuosa. Estar firme a pesar de la oposición, las dificultades o las adversidades".[2]

Se necesita paciencia para poner en práctica esa fe extraordinaria que da a luz esa gloria, ese potencial y esas promesas inusitadas y extraordinarias.

Debemos ser capaces de soportar el dolor y la prueba. En tiempos de conflicto y de desafío es que nacen los liberadores más poderosos, lo cual debería hacernos ver de otra manera las circunstancias difíciles. Muchas veces en esta clase de momentos, Dios elige a un hombre o a una mujer para romper ciclos.

La semilla que rompe ciclos

Hay semillas que rompen ciclos. Moisés fue la semilla de liberación entregada a Jocabed y Amram. Dios podría haber escogido a cualquier pareja de aquella época para concebir, guiar, orar y proteger aquella semilla tan valiosa, pero los eligió a ellos.

Aún hoy, Dios elige personas para que lleven semillas que rompan ciclos, personas que cultiven respuestas y soluciones, que reciban descargas e ideas celestiales que transformen sociedades, y construyan obras que alcancen a muchos: iglesias, ministerios, negocios y organizaciones. Está plantando sueños ambiciosos en los corazones de hombres y mujeres decididos, misiones a nivel mundial en los corazones de vasos dispuestos, y estrategias económicas revolucionarias en la mente de personas imaginativas y dispuestas. Dios está levantando a muchos en esta tierra que manifiesten su Reino y para que gobiernen y reinen.

He aquí un gran misterio: ¡Todas las grandes cosas del Reino de Dios comienzan siendo muy pequeñas! Comienzan como una idea, una unción, una visión o un sueño. Esta es la esencia de la semilla, algo aparentemente pequeñito, pero con un potencial gigantesco. ¡Esta expresión tangible del pensamiento de Dios es una vislumbre de las posibilidades de Aquel que no tiene límites!

> "Sin embargo, en una o en dos maneras habla Dios; pero el hombre no entiende. Por sueño, en visión nocturna, cuando el sueño cae sobre los hombres, cuando se adormecen sobre el lecho, entonces revela al oído de los hombres, y les señala su consejo".
>
> —Job 33:14–16

Varias dimensiones proféticas reveladas en la vida de Jocabed son igualmente válidas para nosotros. El destino de Jocabed era grandioso y su obediencia absoluta. ¡Debemos imitar su ejemplo!

Cada uno de nosotros ha sido escogido por Dios para llevar a cabo una obra única y oportuna en la tierra, pero todo dependerá de nuestro grado de obediencia. No podemos delegar nuestra obediencia a otros o culpar a las adversidades por nuestra falta de cooperación con los planes de Dios. Creo que en este preciso momento, Dios está buscando a una generación de hombres y mujeres como Jocabed, que se levanten y se sumerjan en todos los ámbitos posibles de la gloria y del destino.

> "Si ustedes están dispuestos a obedecerme, entonces disfrutarán las riquezas del país".
>
> —Isaías 1:19, PDT

La obediencia es fundamental para poder cumplir nuestro destino personal y grupal. Cuando obedecemos a Dios, disfrutamos de sus bendiciones. La obediencia tiene su costo y puede requerir que hagamos cosas que nos resulten incómodas, pero todo forma parte del plan maestro de Dios.

El fruto de la rendición es la obediencia. Cuando nos rendimos a la voluntad del Padre, nos sentimos felices de seguir sus instrucciones, aunque a veces ni siquiera entendamos lo que estamos haciendo. Por supuesto, esto ocurre si planto la semilla de la oración en mi vida. La oración es un tiempo de reflexión y equilibrio en el que nos presentamos ante su presencia con preguntas, acallamos nuestros pensamientos, y en el espíritu comenzamos a recibir instrucciones del Padre. Su voz calma la tormenta y nos llena de paz divina.

En su presencia, Él me faculta para actuar resueltamente. Me libera del temor a los hombres y me hace sentir listo para llevar a cabo su plan. Este es el camino de la obediencia, el cual se alimenta del deseo de complacer al Padre. El mundo no puede entenderlo porque es lo que distingue a los discípulos. Todo el que es obediente se rinde a la disciplina del Padre y niega su propio deseo de cumplir su voluntad. La recompensa supera con creces el precio.

> "Mi responsabilidad consiste en obedecer, entregar mi corazón y rendirme a la voluntad de Dios. Es en ese proceso de obediencia que obtenemos entendimiento. No es posible obtener la paz que sobrepasa todo entendimiento hasta que se renuncia al derecho a entender".[3]
>
> —Bill Johnson

Los misterios de la unción de Jocabed giran en torno a dos temas que marcaron su vida: la gloria y la liberación divina. La unción de Jocabed nos muestra la gloria de Dios (su presencia) y da a luz la liberación. Conlleva un nivel de libertad que derriba la esclavitud.

CARACTERÍSTICAS DE LOS QUE TRANSFORMAN EL MUNDO

Jocabed mostró algunas características esenciales de aquellos que transforman el mundo.

+ **Son valientes.** La unción de Jocabed nos dota de una valentía sobrenatural. Jocabed actuó intrépidamente en medio de un decreto de muerte. Desafió las instrucciones de un gobernante malvado para obedecer la voluntad del cielo. La unción de Jocabed nos mantiene en pie cuando el infierno entero nos grita que nos sentemos.
+ **Abarca a sus generaciones.** Como ya se mencionó, ¡la unción de Jocabed es una unción familiar! Los planes de Dios abarcan generaciones, y la vida de esta mujer confirma esa realidad.
+ **Se comprometen.** Esta característica marca la diferencia. Jocabed pudo haber cedido a la presión en algunos momentos críticos de su vida, pero no lo hizo. Ella tenía una

fuerza y un compromiso sobrenaturales. Y no retrocedió un solo paso, sino que avanzó hacia donde Dios le indicó. ¡Nosotros debemos hacer lo mismo!

+ **Tienen una gran fe.** ¡Las personas de gran fe realizan grandes hazañas! Sacuden naciones y generaciones. La unción de Jocabed se asocia con el espíritu de la fe para llevar a cabo la obra.

+ **Son pacientes.** ¡Jocabed no desistió! Los demonios intentarán agotarnos, pero debemos persistir. La gloria de Dios (su presencia) nos sostendrá y nos renovará.

+ **Dan a luz.** ¡El Reino de Dios debe estar lleno de nacimientos! Estamos llamados a dar a luz ministerios, visiones, planes, proezas y legados. La unción de Jocabed da a luz todo esto en el reino terrenal cuando oramos, decretamos, actuamos, sembramos y luchamos.

+ **Siembran la semilla de los milagros.** De las semillas vienen las cosechas. Debemos tener una fe doble: ¡fe para sembrar y fe para recibir!

+ **Son resistentes.** Jocabed llegó hasta el final. Dios no quiere ungir a esta generación para que sean grandes iniciadores, ¡sino para que completen su misión! Él quiere que lleguemos hasta el final con gozo y fortaleza.

+ **Tienen una confianza inquebrantable.** Para poder cumplir el mandato, Jocabed tuvo que confiar completamente en Dios. Ella no actuó por impulso, ni a través de mentiras o de desafíos temporales. Dios está levantando una generación cuya confianza esté puesta en Él y que no se acobarde cuando Él exprese sus designios.

EL MANDATO DE MOISÉS

Jocabed dio a luz a Moisés, aquel que cumpliría la promesa dada por Dios a su pueblo. Moisés fue elegido por el mismo Dios para embarcarse en una misión apostólica. La palabra *apóstol* significa enviado. Los apóstoles son enviados a pueblos, lugares, regiones o grupos, así que Moisés fue enviado con el mandato de liberar al pueblo de Israel. Fue el hombre elegido de Dios al llegar el momento de la liberación.

Aunque el oficio de apóstol no se instituyó como tal hasta que Cristo estableció su Iglesia, creo que Moisés fue un modelo de apóstol del Antiguo Testamento, ya que sirvió en calidad apostólica. De hecho, Dios mismo describió a Israel bajo el liderazgo de Moisés como su Iglesia en el desierto.

> "Este es aquel que estuvo en la iglesia en el desierto con el ángel que le hablaba en el monte Sinaí, y con nuestros padres; y recibió los oráculos de vida para darnos".
>
> —Hechos 7:38, jbs

En muchos sentidos, Moisés fue también un profeta. Él tenía una relación cara a cara única con Dios. Me atrevo a usar el término *híbrido* para describir su doble función.

> "Y hablaba Jehová a Moisés cara a cara, como habla cualquiera a su compañero. Y él volvía al campamento; pero el joven Josué hijo de Nun, su servidor, nunca se apartaba de en medio del tabernáculo".
>
> —Éxodo 33:11

> "Yo me postré a sus pies para adorarle. Y él me dijo: Mira, no lo hagas; yo soy consiervo tuyo, y de tus hermanos que retienen el testimonio de Jesús. Adora a Dios; porque el testimonio de Jesús es el espíritu de la profecía".
>
> —Apocalipsis 19:10

En la cúspide de su accionar, el ministerio profético hace que las personas vuelvan a hacer la voluntad de Jesús. Los profetas saben cómo alzar su voz en medio del caos para revelar la voluntad de Jesús al pueblo de Dios. También desafían los sistemas malvados y son poderosos guerreros espirituales. Los profetas expulsan demonios y derriban altares demoníacos.

> "Mira que te he puesto en este día sobre naciones y sobre reinos, para arrancar y para destruir, para arruinar y para derribar, para edificar y para plantar".
>
> —Jeremías 1:10

¡Jeremías fue llamado como profeta para desarraigar, derribar, destruir y derribar! Todo esto tenía que suceder para que la edificación y la siembra pudieran tener resultados positivos. Es por ello que los oficios apostólicos y proféticos están vinculados, junto con el de los maestros, como fundamentos de la iglesia. Los profetas hablan de lo que escuchan y exponen a los demonios ocultos. Los profetas reciben revelación de lo que necesita cambiar, de lo que Dios quiere hacer y de los motivos que tiene para hacerlo. Los apóstoles vienen con la gracia de construir y plantar estratégicamente bajo la dirección del Espíritu de Dios.

> "Edificados sobre el fundamento de los apóstoles y profetas, siendo la principal piedra del ángulo Jesucristo mismo".
>
> —Efesios 2:20

Dios envió a Moisés, junto con Aarón y María, como profetas. Había una sinergia entre las unciones de los profetas y del apóstol. La unción de Jocabed contiene tanto la dimensión apostólica como la profética.

La unción apostólica trae gobernabilidad (la ejecución del Reino y de su autoridad); libertad (liberación de la esclavitud); y edificación, para establecer el gobierno de Cristo. Los apóstoles son embajadores directos de Jesucristo y de su gloria. La unción apostólica nos revela a Jesús.

La unción profética trae anticipación (ver, conocer y escuchar con antelación), intimidad (orar, buscar y procurar), visión (sueños portentosos, visiones y encuentros proféticos) y declaración (liberar la voz del Señor).

Esta de ninguna manera es una lista exhaustiva de todos los atributos de estas unciones u oficios. Es solo una descripción parcial rápida de la historia de Jocabed y de Moisés en virtud de las verdades que examinamos proféticamente en este libro. No habría en el mundo libros suficientes para describir todos los atributos maravillosos de los diversos dones y oficios de Cristo y de su Iglesia.

Finalmente, la unción de Jocabed representa esa gloria abundante y hermosa que da a luz la liberación. Moisés lideró un movimiento rodeado de la gloria de Dios y fue dirigido por la solemne presencia divina. ¡Y de esa gloria surgió la liberación! Este es el mensaje que resplandece a través de este cuadro profético. Esta clase de liberación majestuosa se da sobrenaturalmente en el reino de la gloria.

Muchas veces estudiamos y enseñamos los principios de la liberación, lo cual está bien, ¡pero podemos llevarlo a otro nivel! Hay un aspecto de la liberación relacionado con la gloria divina. Cuando la poderosa presencia de Dios impregna la atmósfera, las fuerzas demoníacas menguan. Esto es válido a nivel individual, ministerial, regional y territorial. Revelaremos muchos misterios a medida que nos adentremos en el marco profético de la unción de Jocabed.

Oración profética

Señor, te pido que yo siempre esté listo para salir de la barca y dar ese paso de fe. Decreto que pueda fluir en lo profético y que tenga sueños y visiones que desentrañen misterios. Que mi familia cumpla su propósito y destino. ¡Decreto que mi linaje es poderoso en esta tierra, y que ninguna arma forjada contra nosotros prosperará! Te pido que yo pueda actuar en esa fe extraordinaria para que pueda plantar semillas extraordinarias que generen milagros extraordinarios. En el nombre de Jesús. Amén.

Yo decreto sobre usted . . .

Decreto que usted y su familia son guerreros, descendientes de sangre real y con un linaje de fe. Decreto que usted es capaz de resistir las pruebas, es valiente y que está comprometido, y que tiene paciencia y fe para dar a luz encuentros espirituales y reinos de gloria. ¡Usted nació para dar a luz grandeza!

Para reflexionar

- ¿Me rindo y me entrego diariamente a la voluntad de Dios?
- ¿Tengo el nivel de fe suficiente para soportar la presión?
- ¿Puedo confiar en Dios aun al recibir noticias negativas?
- ¿Tengo fe para sembrar y para recibir?
- ¿Realmente creo que puedo cambiar una generación?
- ¿Me he sacrificado y pagado el precio para dar a luz mi destino?

Capítulo 2

EL MISTERIO DE LA HONRA

MUCHAS PERSONAS NO entienden la relación que existe entre la gloria de Dios y la honra a Dios. La gloria de Dios trae y produce revelación, victoria, sanidad y el favor de Dios. Al estudiar la vida de Moisés, encontramos a un hombre con dimensiones inusuales de la gloria de Dios en su vida. Moisés se rodeó de esa gloria, quedó atrapado en ella y llegó a ser conocido como «el amigo de Dios». Mediante esa gloria, Dios guio a los hijos de Israel para liberarlos de la esclavitud.

La honra, sin embargo, está relacionada con la humildad, y hace que sea necesario que tomemos el camino más *modesto*. Cuando vemos el significado de ambas palabras, puede hacérsenos difícil encontrar la conexión entre honra y gloria. De hecho, en cierto sentido parecen ser antónimos.

En el ámbito de la honra, los planes del Señor están asegurados en nuestra vida, lo cual viene a ser una de las grandes paradojas del Reino. ¿Cómo podemos elegir el camino aparentemente más modesto y aun así elevarnos en las alas de Dios? ¿Cómo podemos tomar el camino más largo y a pesar de ello superar a aquellos que se esforzaron para llegar al objetivo? La respuesta es simple: debido al misterio de la honra. La honra y la gloria de Dios promueven del Reino. Cuando honramos a Dios poniéndolo en primer lugar, nos esforzamos por andar en sus caminos y nos negamos a abandonar el camino que Él tiene preparado para nosotros. Recibimos su bendición y su favor.

En cierto sentido, es un reino contradictorio. Sembramos y cosechamos, pero los primeros son los últimos y los últimos los primeros. Rendimos nuestra vida para recibir una nueva vida. A ningún hombre o mujer con apetitos carnales le es posible dar estos pasos. El camino de la honra solo se puede transitar con y a través del pensamiento de Cristo. Vivir esa honra *requiere* de la presencia de Dios.

Jocabed era una mujer cuyo destino estaba entrelazado con la honra y la gloria. Su nombre significa literalmente "Honrar a Dios" o "Dios es glorioso". Fue una mujer de honor que llevó en sus entrañas y dio a luz a un hombre glorioso, porque honraba la ley de Dios por encima de las leyes de los hombres. De hecho, Jocabed arriesgó todo para seguir el plan de Dios para su vida.

LA HONRA Y SUS RECOMPENSAS

Jocabed estaba decidida a poner a Dios y sus planes en primer lugar. Arriesgó su vida para llevar a cabo los planes de Dios, colocando todas sus fuerzas en los designios de Dios y olvidándose de su propio bienestar. Mientras honraba a Dios y se cumplían los planes divinos, recibió la gloria de Dios y su protección. No solo la gloria de Dios estaba con ella, sino que al honrar a Dios con sus acciones atrajo ámbitos de gloria poco comunes que también se hicieron extensivos a su hijo. Cuando honrar a Dios es nuestra insignia, recibimos como recompensa la gloria de Dios. Cuando honramos a Dios, nuestra obediencia nos asegura dimensiones extraordinarias de su gloria para nuestra familia. ¡Dios cumple sus promesas generacionales! Y de la honra, surge la gloria de Dios y se despliega su majestad. Dios quiere llevarnos por un camino aparentemente inconveniente para que podamos descubrir su bondad extraordinaria para nuestra vida.

> "El que busca la justicia y el amor inagotable encontrará vida, justicia y honor".
>
> —Proverbios 21:21, NTV

Seguir los pasos de Jesús nos lleva indefectiblemente a honrar a Dios en nuestra vida. Y al hacerlo, valoramos más los pensamientos y los planes de Dios que los nuestros. Nuestra entrega es el fruto del tiempo que pasamos en la presencia de Dios. Dicho de una manera sencilla, somos como *los muertos vivientes*, ya que rendimos totalmente nuestra vida a sus planes.

Pablo dice en la Epístola a los Romanos que debemos ser sacrificios vivos. En el Antiguo Testamento se ofrecían sacrificios a Dios que emanaban el dulce aroma de la entrega, con el propósito de expiar los pecados del pueblo. ¡Sabemos que Jesús vino a derramar su sangre para erradicar el yugo del pecado y de la muerte en nuestras vidas! Jesús vino a sanar, salvar, liberar y redimir.

> "Pero estando ya presente Cristo, Sumo Sacerdote de los bienes venideros, por el más amplio y más perfecto tabernáculo, no hecho de manos, es decir, no de esta creación, y no por sangre de machos cabríos ni de becerros, sino por su propia sangre, entró una vez para siempre en el Lugar Santísimo, habiendo obtenido eterna redención. Porque si la sangre de los toros y de los machos cabríos, y las cenizas de la becerra rociadas a los inmundos, santifican para la purificación de la carne, ¿cuánto más la sangre de Cristo, el cual mediante el Espíritu eterno se ofreció a sí mismo sin mancha a Dios, limpiará vuestras conciencias de obras muertas para que sirváis al Dios vivo?".
> —Hebreos 9:11–14

Jesús fue el sacrificio por la humanidad pecadora y su acto de amor nos capacita para ser sacrificios vivos. ¿Y si nuestra vida se convirtiera en olor grato al cielo? ¿Qué pasaría si emitiéramos un incienso de amor y de entrega total?

> "Porque para Dios somos grato olor de Cristo en los que se salvan, y en los que se pierden".
> —2 Corintios 2:15

Como un sacrificio vivo, nuestro acto de entrega asciende al trono de Dios. Nuestra sumisión honra a Dios. Hay dos fuerzas a las que debemos enfrentar continuamente: las tentaciones de nuestro adversario el diablo, y las obras de la carne relacionadas con los apetitos carnales e impíos. Estas dos fuerzas pueden vencerse si nos movemos en el Espíritu. A medida que pasamos tiempo de calidad en la presencia de Dios, nuestro hombre espiritual se fortalece y la carne se debilita. ¡El Espíritu de Dios nos hace honrarlo sacrificando nuestra vida para recibir la vida que Dios tiene para nosotros! Este es uno de los enigmas de la honra.

> "El que halla su vida, la perderá; y el que pierde su vida por causa de mí, la hallará".
>
> —Mateo 10:39

> "Porque si vivís conforme a la carne, moriréis; mas si por el Espíritu hacéis morir las obras de la carne, viviréis".
>
> —Romanos 8:13

La naturaleza de honrar a Dios

¿Qué es honrar? Según el *Diccionario Webster*, honrar significa "mirar o tratar (a alguien) con admiración y respeto: mirar o tratar con honor; dar un reconocimiento especial; dar honra; cumplir con los términos de...; *honrar* un compromiso".[1]

Según el diccionario de la Real Academia Española *honrar* significa "respetar a alguien enaltecer o premiar el mérito de alguien; dar *honor* o celebridad".[2]

Dar es una manifestación de honra. Cuando honramos algo, lo valoramos. Cuando honramos la presencia de Dios, estamos dispuestos a levantarnos temprano o acostarnos tarde para buscarlo. La honra se manifiesta en la búsqueda; estamos dispuestos a buscar aquello que honramos.

Conozco personas que tienen aficiones caras. Están dispuestas a ahorrar, viajar, sacrificarse y pasar tiempo lejos de su familia solo para disfrutar de sus pasatiempos. Están dispuestas a pagar por aquello que valoran.

"Honra a Jehová con tus bienes, y con las primicias de todos
tus frutos; y serán llenos tus graneros con abundancia, y tus
lagares rebosarán de mosto".

—Proverbios 3:9–10

La palabra traducida aquí como *honrar* es la palabra hebrea *kabed*, que
significa "de peso, importante, fuerte, rico, honorable, glorioso, distingui-
do, abundante, o disfrutar de honor".[3]

En este versículo el Señor nos señala un aspecto importante de honrar a Dios. Es menester honrar a Dios poniéndolo en primer lugar en
nuestras finanzas. Es ir más allá de las palabras, demostrando un nivel
de compromiso serio con el Señor. ¡Imagínese dando en abundancia!
Imagínese dando de una manera tal que sorprenda a los demás. De eso
es lo que se habla aquí.

Todo esto forma parte del misterio de la honra y el favor de Dios. Dar y
sembrar libera niveles inusuales de abundancia y favor divinos. Pensemos
en esto: los hijos de Israel salieron de la esclavitud de Egipto cargados de
grandes bendiciones. En aquel período de la historia no existía el dinero
como tal, pero ellos salieron literalmente cargados de oro, plata y joyas.

Dios quiere que tengamos la capacidad de dar copiosamente, que reci-
bamos abundantemente de su gloria, que lo honremos con todo lo que
tengamos y que nuestro éxito sea absoluto. Honrar a Dios nos abrirá las
puertas a un reino de abundancia que nadie podrá cerrar, un reino de
riquezas donde las bendiciones de Dios sobreabundan.

Cuando damos, estamos honrando a Dios, y nuestra dadivosidad y
generosidad hacen que la gloria de Dios se manifieste. Me he dado cuenta de que los tacaños no prosperan y suelen estar bajo la influencia de
un «espíritu de religiosidad». De hecho, yo nunca he ministrado en una
iglesia con ese espíritu de religiosidad en la que a la congregación le guste
dar y hablar sobre generosidad. Algunas iglesias así ayudan a los pobres
y en su comunidad, pero se enojan si a alguien se le ocurre predicar de la
generosidad de forma radical. Inmediatamente se manifiesta el espíritu
de religiosidad del que hablo.

Donde ese espíritu de religiosidad existe, el mensaje de la dadivosidad y la generosidad no cala. Las personas movidas por un espíritu de religiosidad no pueden comprender la tierna naturaleza del inmenso amor del Padre hacia sus hijos, en parte debido a la mentalidad de vergüenza, amargura y condena asociadas con ese espíritu.

> "Toda buena dádiva y todo don perfecto desciende de lo alto, del Padre de las luces, en el cual no hay mudanza, ni sombra de variación".
>
> —Santiago 1:17

¡Dios no nos da malos dones! Él solo da dones buenos y perfectos que bendicen nuestra vida; y esta es la mayor expresión del amor de un buen padre.

> "Mas tú, Señor, Dios misericordioso y clemente, lento para la ira, y grande en misericordia y verdad".
>
> —Salmo 86:15

> "Un mandamiento nuevo os doy: Que os améis unos a otros; como yo os he amado, que también os améis unos a otros".
>
> —Juan 13:34

En estos versículos se nos da una vislumbre del inmenso amor de Dios hacia nosotros. Él está lleno de gracia y compasión, y nos desafía a amarnos los unos a los otros tal como Él nos ama. Su amor no es pasivo, como lo demostró en su sacrificio en el Calvario. Él nos colma de ese amor, y nos da una nueva naturaleza en la que podemos extender ese amor a los demás a través del poder de su Espíritu, el cual obra en y a través de nosotros.

Jesús estuvo dispuesto a enfrentar la cruz porque nos declaró dignos. Pero el diablo aún se esfuerza para ocultar esta verdad. Es un mentiroso que trata de convencer a la humanidad de que estamos perdidos y no valemos nada. Pero la Biblia dice que fue tanto el valor que Dios encontró en nosotros, que dio lo mejor de sí. Su honra marcó nuestras vidas, nuestro destino y nuestra salvación.

Y honrar nos lleva a dar. Cuando honramos a alguien, queremos agradarle con obsequios. En el Reino de Dios estos principios están estrechamente relacionados. Demostramos honra a Dios a través de nuestra dadivosidad. Este es un principio que suele pasarse por alto debido a nuestra cultura occidental y nuestra enseñanza religiosa.

Hay quienes se niegan a dar a aquellos que los han bendecido y ayudado. Esta gente deshonrosa no es íntegra con el Señor en el tema de la dadivosidad. Pensemos en esto: valorar a una persona o una cosa es uno de los aspectos de honrarla. Estamos dispuestos a pagar un alto precio por aquello que valoramos. Me llegan a la mente ciertas marcas que están de moda y usan materiales similares a otros productos, pero debido a la exclusividad de su marca y la reputación de sus diseñadores, la gente está dispuesta a pagar un precio mucho más alto por esos productos en específico.

> "Los ancianos que gobiernan bien, sean tenidos por dignos de doble honra; mayormente los que trabajan en predicar y enseñar. Porque la Escritura dice: No embozarás al buey que trilla; y: Digno es el obrero de su jornal".
> —1 Timoteo 5:17–18, jbs

En este pasaje, Pablo está enseñando a Timoteo cómo dirigir la iglesia y tratar con la gente. Está abogando por la bendición financiera de los ancianos que enseñan y alimentan al rebaño de Dios y, al hacerlo, relaciona el acto de dar con honrar. Cuando valoramos a un líder, invertimos en su vida y en su liderazgo. De esta manera lo estamos honrando.

Esto no lo hacen los deshonrosos que se enojan fácilmente con el concepto de dar para demostrar gratitud y apoyo a los demás. La Biblia enseña que donde esté nuestro tesoro allí estará también nuestro corazón (ver Mt. 6:21). Esto significa que los dones naturales, el dinero y los recursos, reflejan nuestras prioridades. La mayoría de estos deshonrosos, también lo son en su dadivosidad.

+ Siembran semillas insignificantes y quieren una cosecha significativa.
+ No apoyan la visión con la que profesan estar conectados.
+ No bendicen a aquellos que son un regalo en sus vidas.
+ Muchas veces, en lugar de apoyar y bendecir, obstaculizan y se quejan.

Las personas deshonrosas cosechan una vida tóxica si no se arrepienten y cambian de rumbo.

"No os engañéis; Dios no puede ser burlado: pues todo lo que el hombre sembrare, eso también segará".

—Gálatas 6:7

La ley de la siembra y la cosecha es una de las principales leyes del Reino. Pablo está enseñando aquí sobre el principio de sembrar en la carne o sembrar en el Reino. Sembrar en la carne producirá una cosecha corrupta de destrucción y derrota. Sembrar en el Reino del Espíritu traerá transformación y victoria.

Pero para honrar hay que ser disciplinados. La gente honrosa no sucumbe a la voz o los dictados de la carne: tienen a Dios en primer lugar y han rendido a Él su vida incluso cuando es difícil. Están decididos a seguir un camino poco común. La gente deshonrosa cede a los deseos impíos de su carne.

Cuando estaba estudiando para el ministerio, recuerdo haber escuchado a uno de mis mentores compartir una experiencia de traición que estaba viviendo. Un miembro de su equipo se había marchado de una manera muy pública y desagradable. Seguidamente, esta persona llamó a personas del ministerio de mi mentor para lanzar un nuevo ministerio en la misma ciudad. La intención y el método no mostraron respeto ni honra. Fue un acto deshonroso deliberado.

El nuevo ministerio de esta persona parecía estar creciendo y atrayendo a muchos; mientras que el ministerio de mi mentor, por el contrario, se vio afectado. Cuando le expresé mi preocupación a mi mentor, él me dijo algo sumamente sabio. Me enseñó que el fundamento en que se basa cualquier acto o cosa es determinante. Dijo que todo en el Reino se sometía a las leyes del Reino y que estaba seguro de que solo había que darle tiempo al tiempo. También dijo que tales cosas pueden verse y parecer buenas por un tiempo, pero que con el tiempo esa persona cosecharía la deshonra que sembró.

Sus palabras representaron una valiosa e importante enseñanza para un líder joven y sediento como yo. Durante varios años presencié cómo el ministerio deshonroso se iba desmoronando pieza por pieza. Ahora que soy más viejo y más sabio, miro hacia atrás y veo claramente que ese ministerio era solo una liga de personas deshonrosas; y la gente deshonrosa no es leal ni comprometida. Se involucran por lo que pueden obtener y se convierten en líderes momentáneos. No se puede construir nada significativo con gente así, ya que con el tiempo se vuelven contra uno. Están más unidos en su envidia, sus celos y las obras de la carne que en una visión o propósito. Un ministerio dirigido por personas como estas está fundamentado sobre una base defectuosa.

"¿Quién es sabio y entendido entre vosotros? Muestre por la buena conducta sus obras en sabia mansedumbre. Pero si tenéis celos amargos y contención en vuestro corazón, no os jactéis, ni mintáis contra la verdad; porque esta sabiduría no es la que desciende de lo alto, sino terrenal, animal, diabólica. Porque donde hay celos y contención, allí hay perturbación y toda obra perversa. Pero la sabiduría que es de lo alto es primeramente pura, después pacífica, amable, benigna, llena de misericordia y de buenos frutos, sin incertidumbre ni hipocresía. Y el fruto de justicia se siembra en paz para aquellos que hacen la paz".

—Santiago 3:13–18

Permítanme decir aquí que todos comenzamos como personas deshonrosas porque no sabemos actuar de otra manera. Por lo general, actuamos bajo el impulso carnal, que carece de amor e integridad hasta que recibimos la sabiduría que Dios proporciona desde lo alto.

> "El temor de Jehová es enseñanza de sabiduría; y a la honra
> precede la humildad".
>
> —Proverbios 15:33

La humildad precede a la honra. Los actos de deshonra están relacionados con el orgullo, porque el orgullo es la exaltación del yo. Los orgullosos son egoístas, se aman a sí mismos, se ascienden ellos mismos y se protegen a sí mismos. Los humildes, por otro lado, someten sus caminos al Señor. La humildad es una manifestación de rendición en el Reino.

¡La adoración es una expresión de honra! La verdadera adoración es una demostración de entrega. Por eso levantamos nuestras manos, nos inclinamos y nos tendemos ante el Señor. Estamos demostrando físicamente lo que ya es una realidad en el Reino del Espíritu.

> "Oh Señor, honraré y alabaré tu nombre, porque tú eres mi
> Dios. ¡Tú haces cosas maravillosas! Las planeaste hace mucho
> tiempo, y ahora las has realizado".
>
> —Isaías 25:1, ntv

Cuando doy a Dios mi ofrenda de adoración, lo estoy honrando. Estoy recordando lo que Él ha hecho por mí. Estoy exaltando su nombre y celebrando quién es Él. La gente honrosa disfruta de adorar a Dios. La gloria y la honra de Dios están conectadas por la adoración. No se puede vivir una vida honrosa sin entrega. La adoración es una de las mejores demostraciones de entrega en la vida de un creyente.

> "Y David danzaba con toda su fuerza delante de Jehová; y estaba
> David vestido con un efod de lino. Así David y toda la casa de
> Israel conducían el arca de Jehová con júbilo y sonido de trompeta".
>
> —2 Samuel 6:14–15

Me encanta esta imagen de David como el rey de Israel dejándose llevar ante la presencia de Dios. ¡No le importó su título, su estatura o su posición! Él buscó la gloria de Dios y danzó como un niño en una actitud de adoración absoluta. Esta es la adoración en su máxima expresión. Es alocada, desordenada, desenfadada y radicalmente agradecida. ¡Es una adoración de entrega total que honra a Dios por encima de todo!

"Entonces David respondió a Mical: Fue delante de Jehová, quien me eligió en preferencia a tu padre y a toda tu casa, para constituirme por príncipe sobre el pueblo de Jehová, sobre Israel. Por tanto, danzaré delante de Jehová. Y aún me haré más vil que esta vez, y seré bajo a tus ojos; pero seré honrado delante de las criadas de quienes has hablado. Y Mical hija de Saúl nunca tuvo hijos hasta el día de su muerte".

—2 Samuel 6:21–23

Mical, la esposa de David, se sintió ofendida por la apasionada adoración de su esposo. De hecho, estaba avergonzada. David se dejó llevar en medio de su alabanza y agradecimiento a Dios sin preocuparse por la opinión de los demás. ¡Su actitud solo reflejó la marca característica de un hijo de Dios libre! Simplemente, no se coloca la opinión de los demás por encima de la presencia de Dios.

La adoración de David fue la máxima manifestación de honra para su Padre. Cuando su esposa lo desafió, él le dijo que su adoración sería aún más *vil* que antes. Tenía un objetivo en mente. Quería perderse tanto en la presencia de Dios, que desterró cualquier vestigio de compostura o de orgullo de su vida. Sabía que Dios era el que lo había levantado, lo había perdonado misericordiosamente y lo había elegido milagrosamente, así que se negó a vivir como un huérfano si había sido llamado a ser hijo.

Mical deshonró la presencia de Dios y quedó estéril. La gente deshonrosa no puede dar a luz la plenitud de lo que Dios la llamó a ser. Los adoradores son fructíferos. Los adoradores conciben, llevan y entregan las semillas del destino. Los designios del Reino son liberados y producidos en medio de la honra y la gloria.

La gente honrosa se somete a la autoridad y se ajusta al protocolo del Reino.

> "Sométase toda persona a las autoridades superiores; porque no hay autoridad sino de parte de Dios [otorgada por su permiso y sanción], y las que hay, por Dios han sido establecidas. De modo que quien se opone a la autoridad [gubernamental], a lo establecido por Dios resiste; y los que resisten, acarrean condenación [pena civil] para sí mismos".
>
> —Romanos 13:1–2

EL PROTOCOLO DE LA NECESIDAD DEL REINO

Ocurre muy frecuentemente en los círculos carismáticos, que algunos muestran una mala actitud hacia los dones de liderazgo y ministeriales. Tienen metida en su cabeza la idea no bíblica de que cualquier tipo de autoridad es malo. Esto es consecuencia de un liderazgo abusivo y controlador y de enseñanzas inadecuadas. Todo creyente es igual en la cruz como hijo o hija de Dios. Esta es una verdad teológica basada en la Palabra de Dios. Otra realidad espiritual que debemos reconocer son las diversas asignaciones, rangos, posiciones y roles dentro del Reino de Dios y el Cuerpo de Cristo.

A los apóstoles, profetas, pastores, maestros y evangelistas se les ha dado lugares de autoridad como dones para el Cuerpo de Cristo. Fueron preparados por Dios para dirigir y gobernar dentro de su jurisdicción. Todo reino tiene protocolos. Por ejemplo, si a uno lo invitan a ver a la familia real de Inglaterra, hay un protocolo establecido. Si a uno va a ver al presidente de los Estados Unidos, hay un protocolo establecido. Hay protocolos bíblicos concernientes a la oración, la ofrenda, la adoración y las leyes del Reino de Dios.

Según el *Diccionario Webster*, la palabra *protocolo* es "un código que prescribe la adhesión estricta a la etiqueta y precedencia correctas (como ocurre en el intercambio diplomático y en los servicios militares)".[4] Para entenderlo mejor, el Reino de Dios tiene sus leyes y sus propios procedimientos. Hay una administración apropiada de los dones espirituales, los oficios y los mecanismos. Y donde hay una administración adecuada, también puede haber una administración inadecuada. Curiosamente, en la instrucción de Pablo sobre los nueve dones del Espíritu en 1 Corintios 12, se menciona la palabra *administrar*. Las personas pueden tener el don y el propósito correctos, pero violan el protocolo del reino y crean un desastre.

Muchas de nuestras iglesias no hacen hincapié en enseñar el protocolo del Reino de Dios porque se han convertido en guarderías en lugar de lugares de preparación. Cuando no se cumple el protocolo del Reino, corremos peligro. Cuando se viola el orden del Reino, es posible no obtener los resultados adecuados o incluso exponerse al engaño. Los creyentes deben apreciar las enseñanzas y las instrucciones sobre cómo opera el Reino. Cómo fluir en el espíritu correctamente, cómo relacionarse con otros creyentes, cómo ser un miembro saludable de la Iglesia del Señor, cómo llevar a cabo el llamado y honrar a Dios. Estos son todos temas que encaminan al creyente hacia el éxito.

El concepto mismo de protocolo molesta a los rebeldes. Se sorprenderían si tuvieran una vislumbre del cielo, donde los ángeles no andan deambulando haciendo lo que les da la gana; ¡están en una misión dirigida por el Señor de los ejércitos! Todo en el cielo tiene su protocolo, su posición, su función y su rango apropiados. Y estos son principios que nosotros deberíamos tener claros.

El apóstol Pablo hizo todo lo posible para establecer un orden apostólico en la floreciente iglesia del Nuevo Testamento.

> "Te dejé en Creta para que pusieras en orden lo que quedaba
> por hacer y en cada pueblo nombraras ancianos de la iglesia,
> de acuerdo con las instrucciones que te di".
>
> —Tito 1:5, NVI

Pablo dejó a Tito como embajador para que estableciera un orden divino. La palabra griega traducida como *orden* en este versículo significa "ordenar, una u otra cosa", "poner en orden, corregir", "enderezar aún más" y "corregir en forma adicional".[5] Se envió a Tito para examinar lo que ya estaba establecido, identificar los puntos débiles, y luego corregirlos y organizarlos adecuadamente para alinearlos con el propósito y el protocolo del Reino.

Todo embajador conoce bien el protocolo. Sabe que representa a un gobierno y debe adherirse a ciertas conductas. No opera bajo su propia metodología o preferencias. Pero orden no significa restricción. En realidad, debería significar libertad, pero dentro del contexto apropiado de la Palabra de Dios. La gente honrosa se ajusta al orden y las instrucciones establecidas. Se adhieren al protocolo del Reino.

¡La gente honrosa tiene un buen nombre! Y ese nombre está asociado con su carácter. El nombre de Dios es poderoso porque Él es honroso. Podemos confiar completamente en lo que Él dice. Mientras nos vamos transformando continuamente a su imagen y semejanza, Él nos levanta a medida que nuestro carácter se desarrolla.

> "Torre fuerte es el nombre de Jehová; a él correrá el justo, y
> será levantado".
>
> —Proverbios 18:10

¡El nombre del Señor es sinónimo de protección! Su nombre es honroso. Los demonios tiemblan y corren ante el nombre de Jesús. En su nombre los enfermos son sanados, y la esclavitud se rompe.

> "Por lo cual Dios también le exaltó hasta lo sumo, y le dio un
> nombre que es sobre todo nombre, para que en el nombre
> de Jesús se doble toda rodilla de los que están en los cielos, y
> en la tierra, y debajo de la tierra; y toda lengua confiese que
> Jesucristo es el Señor, para gloria de Dios Padre".
>
> —Filipenses 2:9–11

El nombre de Jesús es nuestra arma contra el enemigo. Debemos honrar y ensalzar su nombre, y nunca distorsionarlo. Nuestra vida debe reflejar el brillo de su nombre.

> "El amor sea sin fingimiento. Aborreced lo malo, seguid lo bueno. Amaos los unos a los otros con amor fraternal; en cuanto a honra, prefiriéndoos los unos a los otros. En lo que requiere diligencia, no perezosos; fervientes en espíritu, sirviendo al Señor; gozosos en la esperanza; sufridos en la tribulación; constantes en la oración; compartiendo para las necesidades de los santos; practicando la hospitalidad".
> —Romanos 12:9–13

Estamos obligados a honrarnos unos a otros. ¿Cómo sería si honráramos a los demás creyentes? ¿Cómo sería si honráramos a alguien a pesar de no estar de acuerdo con esa persona en todo? La mayoría de la gente no logra hacer eso porque mezcla honra con consenso, pero la honra va más allá de eso.

La gente honrosa disfruta de apoyar y celebrar a los demás. A la gente deshonrosa le encanta despotricar de los demás y verlos caer. Se regocijan de la calamidad ajena. La gente honrosa sabe cómo valorar la vida y los logros de los demás.

> "Cuando la honra forma parte de nuestra cultura, celebramos lo que es cada persona sin tropezar con lo que no es".[6]
> —Bill Johnson

¿Cómo podemos adoptar la honra como parte de nuestra cultura? La cultura es un conjunto de comportamientos y creencias que pertenecen a un grupo humano particular. Cuando he viajado a otros países, he tenido que familiarizarme con las culturas de cada lugar específico para trabajar efectivamente con la gente. Cada cultura tiene su propio código de conducta y ética, y ese código influye en el comportamiento de las personas dentro de la cultura.

La honra debe ser característica de la cultura del Reino, y la manera de establecer esa cultura es cambiando la forma en que pensamos, hablamos y vivimos. Debemos buscar la sabiduría del Padre y ponerla en práctica en nuestra vida.

> "Por tanto, Jehová el Dios de Israel dice: Yo había dicho que tu casa y la casa de tu padre andarían delante de mí perpetuamente; mas ahora ha dicho Jehová: Nunca yo tal haga, porque yo honraré a los que me honran, y los que me desprecian serán tenidos en poco".
>
> —1 Samuel 2:30

El Señor dice que Él honrará a los que lo honran. La honra nos asegura el favor de Dios. Los que viven de manera honrosa se esfuerzan por guardar los caminos del Señor. Honran a Dios con sus vidas y su obediencia. Colocan los propósitos y la voluntad de Dios por encima de los suyos.

Mientras el misterio de la honra se manifiesta en nuestra vida, nuestra pasión se va dirigiendo hacia el Reino de Dios y la manera en que Él actúa. Dicho de manera sencilla: buscamos *agradar a Dios*. El resultado de la honra es la prosperidad. La gente honrosa prospera porque pone a Dios en primer lugar.

ORACIÓN PROFÉTICA

Señor, oro para que reveles el misterio de la honra en mi vida. Decreto que caminaré en honra e integridad. Decreto que me apego a tu voluntad y tus planes. Decreto que soy una persona honrosa. Ayúdame a identificar cualquier vestigio de deshonra en mi vida y, con la obra de tu Espíritu, permite que pueda atarlo. Te amo Señor, y también amo tu Reino. Amo tus caminos. Me encantan tus planes. Amo a tu pueblo, en el nombre de Jesús. Amén.

YO DECRETO SOBRE USTED...

Decreto que la honra y la gloria se eleven en su vida. Decreto una adoración radical y no convencional en su vida. Que sea una adoración vil a los ojos de los demás. Puedo ver al Padre prodigar su amor sobre usted, y lo veo a usted responder con el amor de un niño. Lo veo saltar a sus brazos con alegría. Su camino está marcado por la gloria radical. Veo una erupción de revelación en cada momento de gloria. Usted nació para la honra y la gloria.

PARA MEDITAR

- ¿Qué aspectos de mi vida necesitan una revelación más profunda de la honra?
- ¿Entiendo ahora completamente el vínculo entre la honra y la dadivosidad?
- ¿Hay algún remanente del espíritu de religiosidad que me impida dar abundantemente?

- ¿Soy capaz de dar generosamente a los demás?
- ¿Apoyo la visión cuando me conecto con Dios y siembro cuando recibo bendición?
- ¿Tengo la disposición de someterme y apoyar a líderes claves en mi vida?

Capítulo 3

EL MISTERIO DE LA PROTECCIÓN

B AJO LA UNCIÓN de Jocabed, Dios imparte protección sobrenatural. No hay nada que se compare a la mano protectora de Dios. Cuando Dios declara un propósito inusual sobre nosotros, no debería sorprendernos que el enemigo se presente con una resistencia inusual. Siempre le digo a la gente que dejen que la guerra espiritual sea una confirmación y no un motivo de desaliento. Si no fuéramos una amenaza para el infierno, el enemigo no estaría allí molestándonos.

En el caso de Jocabed y el nacimiento de Moisés, había un gobernante malvado oprimiendo al pueblo de Dios. Sin embargo, el principio espiritual, la ley del reino, es que las semillas rompen ciclos. El faraón temía al poder de la semilla de liberación que Dios estaba a punto de germinar, así que hizo un decreto de muerte.

"Y murió José, y todos sus hermanos, y toda aquella generación. Y los hijos de Israel fructificaron y se multiplicaron, y fueron aumentados y fortalecidos en extremo, y se llenó de ellos la tierra. Entretanto, se levantó sobre Egipto un nuevo rey que no conocía a José; y dijo a su pueblo: He aquí, el pueblo de los hijos de Israel es mayor y más fuerte que nosotros. Ahora, pues, seamos sabios para con él, para que no se multiplique, y acontezca que viniendo guerra, él también se una a nuestros enemigos y pelee contra nosotros, y se vaya de la tierra. Entonces pusieron sobre ellos comisarios de tributos que los molestasen con sus cargas; y edificaron para Faraón las ciudades de almacenaje, Pitón y Ramesés. Pero cuanto más los oprimían,

tanto más se multiplicaban y crecían, de manera que los egipcios temían a los hijos de Israel. Y los egipcios hicieron servir
a los hijos de Israel con dureza, y amargaron su vida con dura
servidumbre, en hacer barro y ladrillo, y en toda labor del
campo y en todo su servicio, al cual los obligaban con rigor. Y
habló el rey de Egipto a las parteras de las hebreas, una de las
cuales se llamaba Sifra, y otra Fúa, y les dijo: Cuando asistáis
a las hebreas en sus partos, y veáis el sexo, si es hijo, matadlo;
y si es hija, entonces viva".

—Éxodo 1:6–16

La ley de la tierra era dar muerte a todos los recién nacidos hebreos
varones, así que el espíritu de asesinato fue liberado sobre el pueblo. Cada
vez que un gobierno malvado ejerce dominio, surge este espíritu de asesinato. ¡El enemigo odia al pueblo de Dios y quiere acabar con él! Su plan
es acabar con la semilla. Pero a pesar de los actos atroces del enemigo,
Dios brinda una protección inusual a sus hijos.

Incluso en medio de este plan del enemigo, Dios tenía un mejor plan.
Él siempre busca proteger a su pueblo. Aunque ocurra una calamidad o
una crisis en la tierra, Dios siempre tiene un plan preparado. Cuando el
miedo se presenta, trata de destruir nuestra fe, pero la clave es permanecer en la fe y permanecer activos en el reino.

"Un varón de la familia de Leví fue y tomó por mujer a una hija
de Leví, la que concibió, y dio a luz un hijo; y viéndole que era
hermoso, le tuvo escondido tres meses".

—Éxodo 2:1–2

Los padres de Moisés lo escondieron en un momento en que se supo-
nía que iba a ser ejecutado. Dios estaba con ellos. Se negaron a inclinarse
ante el edicto del mal, ¡y actuaron decididamente para proteger a su hijo!
No permitirían que el enemigo robara su semilla.

Aunque aquí estamos hablando de una semilla física, fijémonos un poco en lo que esto implica en nuestra propia vida. ¿Qué semillas espirituales plantadas en su vida ha tratado de asesinar el enemigo? ¿Qué planes y propósitos suyos están sitiados en este momento? ¿Ha recibido alguna palabra profética contra la que el enemigo ha arremetido? Tenga la seguridad de que las fuerzas del mal intentarán abortar el lanzamiento que Dios tiene para usted. Dios ya está actuando en un ámbito de operación superior, y Satanás viene en su contra. Quiere entorpecer ese plan incluso antes de que usted arranque.

Hay una protección inusual de parte de Dios en la unción de Jocabed ¡Dios cubrió a esta madre y a su hijo, escondiéndolos en medio de los planes de destrucción del enemigo! Jocabed y Amram vivían bajo la protección del Señor. Cuando permanecemos en la gloria de Dios, experimentamos el misterio de su protección. Cuando rechazamos las maldiciones y nos negamos a luchar en la carne, la protección de Dios se hace presente en nuestra vida.

"Porque Jehová vuestro Dios va con vosotros, para pelear por vosotros contra vuestros enemigos, para salvaros".
—Deuteronomio 20:4

En este pasaje, Dios le recuerda a Israel la protección que les ofrece como su pueblo. Él los había sacado de la esclavitud egipcia y los mantuvo a salvo en medio de su gloria. Y esta promesa sigue vigente para el pueblo de Dios hoy. El Señor está luchando para y por nosotros, así que no tenemos que temer. Él es poderoso, y nuestros enemigos serán derrotados si permanecemos bajo su sombra, como lo afirma en el Salmo 91.

"El que habita al abrigo del Altísimo morará bajo la sombra del Omnipotente. Diré yo a Jehová: esperanza mía, y castillo mío; mi Dios, en quien confiaré. Él te librará del lazo del cazador, de la peste destructora. Con sus plumas te cubrirá, y debajo de sus alas estarás seguro; escudo y adarga es su verdad. No temerás el terror nocturno, ni saeta que vuele de día, ni pestilencia que ande en oscuridad, ni mortandad que en medio del día destruya. Caerán a tu lado mil, y diez mil a tu diestra; mas a ti no llegará. Ciertamente con tus ojos mirarás y verás la recompensa de los impíos. Porque has puesto a Jehová, que es mi esperanza, al Altísimo por tu habitación, no te sobrevendrá mal, ni plaga tocará tu morada. Pues a sus ángeles mandará acerca de ti, que te guarden en todos tus caminos. En las manos te llevarán, para que tu pie no tropiece en piedra. Sobre el león y el áspid pisarás; hollarás al cachorro del león y al dragón. Por cuanto en mí ha puesto su amor, yo también lo libraré; le pondré en alto, por cuanto ha conocido mi nombre. Me invocará, y yo le responderé; con él estaré yo en la angustia; lo libraré y le glorificaré. Lo saciaré de larga vida, y le mostraré mi salvación".

Estos versículos hablan de habitar (permanecer, vivir) bajo la sombra del Todopoderoso. El misterio de la protección tiene lugar cuando estamos bien cerca de Él. Para disfrutar de la protección inusual de Dios, tenemos que ser habitantes de su sombra. ¿Eso qué significa?

Un día en que me puse a meditar sobre este pasaje, el Señor me habló sobre su sombra y de cómo habitar bajo ella. Me preguntó: "Ryan, ¿cómo te puedes meter bajo la sombra de alguien?". Reflexioné antes de responderle. Le dije que había que estar bien cerca de la persona. Luego me dijo que esa era la clave de estos versículos, y una de las claves de la protección divina. Para habitar en la sombra hay que estar bien cerca. Somos más felices en la presencia de Dios y nos sentimos cómodos a su lado.

"Pero no pudiendo ocultarle más tiempo, tomó una arquilla de juncos y la calafateó con asfalto y brea, y colocó en ella al niño y lo puso en un carrizal a la orilla del río. Y una hermana suya se puso a lo lejos, para ver lo que le acontecería. Y la hija

de Faraón descendió a lavarse al río, y paseándose sus don-
cellas por la ribera del río, vio ella la arquilla en el carrizal, y
envió una criada suya a que la tomase. Y cuando la abrió, vio
al niño; y he aquí que el niño lloraba. Y teniendo compasión
de él, dijo: De los niños de los hebreos es este".

—Éxodo 2:3–6

Después de tres meses, Jocabed ya no pudo ocultar a su bebé. Dios
había protegido a toda su familia, pero ahora necesitaban otro milagro.
¿Cuál fue la respuesta de Dios? ¡La dirigió a poner a su bebé en un río que
era comúnmente asociado con la adoración de ídolos egipcios!

Imagine la fe que necesitaría una madre para poner a su recién nacido
en un río. Y no en cualquier río, sino en uno donde los paganos adoraban a
dioses falsos y realizaban rituales demoníacos. Se necesitaría de una obediencia absoluta y un coraje sobrenatural para hacer lo que esta mujer hizo.

Después de hacer una cesta flotante, puso a su bebé en el agua. ¡Dios
tenía un plan! Al momento de liberar la semilla, la protección de Dios estaba presente. Si hubiera actuado según su propio criterio o sabiduría, habría
perdido a su hijo, pero ella actúo decididamente. Escuchó a Dios y obedeció.

Cuando el misterio de la protección divina se libera en nuestra vida, los
demás no entienden nuestras acciones. Y la verdad, ¡no tienen que hacerlo! Nosotros no tenemos que rendirles cuentas. Nuestra responsabilidad
se limita a escuchar y llevar a cabo la palabra del Señor. La palabra del
Señor libera su protección.

Dios llevó a la hija de Faraón al río en el momento exacto, y despertó
la compasión en la casa del Faraón a causa de Moisés, a pesar de que era
un niño hebreo. El gobernante egipcio estaba decidido a matar a los niños
hebreos, ¡pero Dios dijo que no! Dios se mueve en la dirección opuesta
de los decretos del mal o los sistemas perversos que oprimen a su pueblo.
¡Esta historia de protección tan extraordinaria, tan increíble y sobrenatural llevó a la liberación del pueblo!

Dios protege a su pueblo por medio de la revelación. Él usa la unción
profética para revelar, advertir, discernir y dar claridad. Y no solo

estoy hablando de los profetas. Los profetas son parte del plan, pero también lo son los creyentes proféticos. Aquellos que escuchan, ven y disciernen son piezas transcendentales en el gran y hermoso rompecabezas de Dios.

Una palabra hebrea asociada con los profetas y el ministerio profético es *shamar*, que significa mantener, vigilar, preservar. Necesitamos profetas *shamar*, equipos proféticos y ministerios proféticos. Necesitamos palabras claras y concisas por parte del Señor. La palabra del Señor literalmente nos arma para la batalla.

Durante la oración privada o grupal es muy importante pronunciar palabras *shamar* Dios advertirá a su pueblo sobre los planes demoníacos antes de que se manifiesten en el ámbito terrenal. Cuando Dios emite la advertencia, se produce un llamado a ascender y orar. Todas estas cosas son derrotadas en el ámbito espiritual. No podemos vencer aquello que no discernimos.

Recuerdo una ocasión en que recibí una poderosa palabra *shamar* de parte de otro líder. Yo estaba de viaje en otro país con un amigo que tiene el don profético. Mi amigo estaba predicando durante una sesión matutina cuando de repente se detuvo en el medio para profetizar sobre mí. Declaró que algo se estaba acercando a mi círculo íntimo, pero que Dios estaba al control y que Él me protegería y me guiaría. Esta misma palabra la había recibido durante una sesión de oración privada. Dios me estaba preparando para la batalla que venía.

¡Y ocurrió justo como el Señor había dicho! Hubo a la vez tamizado y sacudida. Fue una situación tumultuosa e incómoda, ¡pero Dios tenía un plan! Muchos se acercaron a mí preocupados y temerosos de que el enemigo me hiciera daño, pero con confianza les dije que la mano del Señor estaba metida. ¡Ya conocía el futuro gracias a la palabra profética del Señor! La palabra *shamar* nos lleva al futuro.

En *El manual del profeta*, John Eckhardt escribe:

"Además, la palabra *shamar* identifica a un profeta que circula (o rodea) para contener y cuidar, como lo que hacemos con los jardines. La autoridad espiritual del profeta funciona como una barda o guarnición alrededor de una congregación asignada para protegerla del daño, ataque o invasión demoníaca. Proteger de invasores, en este contexto, incluye proteger del desperdicio, destrucción, invasión y amenazas que resultan de la invasión espiritual y humana en la iglesia".

> "He aquí, no se adormecerá ni dormirá el que guarda a Israel. Jehová es tu guardador; Jehová es tu sombra a tu mano derecha. El sol no te fatigará de día, ni la luna de noche. Jehová te guardará de todo mal; Él guardará tu alma. Jehová guardará tu salida y tu entrada desde ahora y para siempre".
> —Salmo 121:4–8

Por estos versículos podemos ver que Dios ejerce *shamar* sobre su pueblo. Dios ama a su pueblo y lo protege. El aspecto *shamar* del ministerio del profeta es parte de la naturaleza de Dios. Dios nunca se adormece ni duerme. Él siempre está alerta. Dios nos protege (*shamar*) del mal. Dios guarda (*shamar*) nuestra alma (mente, voluntad y emociones). Dios protege (*shamar*) nuestra salida y entrada (en nuestros viajes). Proteger es la naturaleza de Dios. La protección de Dios parte de nuestro pacto con Él y, por lo tanto, los profetas *shamar* son una parte práctica del funcionamiento de nuestra relación de pacto con Dios".[1]

Los vigilantes esperan la palabra del Señor. Permanecen atentos, pendientes de lo que Dios va a decir.

> "Mi alma espera a Jehová más que los centinelas a la mañana, más que los vigilantes a la mañana".
> —Salmo 130:6

Debemos practicar el escuchar activamente en nuestra vida espiritual. Debemos ser rápidos para escuchar y prestar atención a la advertencia del Señor, tanto individual como corporativamente, ya que esta es una de las funciones de la unción profética cuando se administra adecuadamente y se madura.

OJOS Y OÍDOS ABIERTOS

Uno de los sistemas de advertencia que Dios usa a nuestro favor es el don del discernimiento de espíritus.

> "A otro, el hacer milagros; a otro, profecía; a otro, discernimiento de espíritus; a otro, diversos géneros de lenguas; y a otro, interpretación de lenguas".
>
> —1 Corintios 12:10

En este versículo, el apóstol Pablo enumera los dones del Espíritu. Yo los llamo herramientas del poder de Dios. Uno de estos dones es el de discernimiento de espíritus. Se trata de la habilidad divina de ver y saber qué espíritu está motivando a una persona o situación. Cuando el discernimiento de espíritus se activa, es como si se abriera una cortina para revelar lo que hay detrás de ella. Este es un concepto de naturaleza profética. La unción profética aparta continuamente el velo para desvelar las cosas.

> "Y tras el terremoto un fuego; pero Jehová no estaba en el fuego. Y tras el fuego un silbo apacible y delicado".
>
> —1 Reyes 19:12

¡El Señor se reveló a Elías en voz apacible y delicada! Estamos hablando de un profeta del antiguo pacto, no de un creyente del nuevo pacto lleno del Espíritu Santo y nacido de nuevo. Dios literalmente nos hizo con la capacidad de escuchar su voz. Tenemos sentidos espirituales que se conectan y emiten nuestras señales de necesidad. ¡Nuestros sentidos espirituales son complejos! ¡Tenemos ojos en el ámbito espiritual!

La voz del Señor puede hablarnos ya sea en un susurro, en voz baja y apacible; como a través de una voz atronadora o la voz audible de Dios. También podemos recibir una comunicación sutil a medida que Dios le va dando instrucciones a nuestro hombre interior. Esta interacción fluye como una conversación en la que escuchamos las instrucciones del Señor como si nos hablara internamente.

Nuestros oídos espirituales están hechos para recibir la palabra hablada del Señor. ¡Tenemos que decretar que nuestros oídos lo escuchen! Necesitamos declarar una nueva revelación en nuestra vida. Escuchar intencionalmente ha de ser parte de nuestra rutina habitual.

> "He aquí, yo estoy a la puerta y llamo; si alguno oye mi voz y abre la puerta, entraré a él, y cenaré con él, y él conmigo. Al que venciere, le daré que se siente conmigo en mi trono, así como yo he vencido, y me he sentado con mi Padre en su trono. El que tiene oído, oiga lo que el Espíritu dice a las iglesias".
> —Apocalipsis 3:20–22

También tenemos ojos espirituales. El apóstol Pablo oró para que se abrieran sus ojos espirituales. ¿Para qué sirven los ojos? ¡Para ver! Los ojos espirituales reciben imágenes, visiones, sueños e instrucciones visuales. El Espíritu de Dios puede guiarnos a través de lo que vemos. Esto es fundamental en el discernimiento de los espíritus.

> "Para que el Dios de nuestro Señor Jesucristo, el Padre de gloria, os dé espíritu de sabiduría y de revelación en el conocimiento de él, alumbrando los ojos de vuestro entendimiento, para que sepáis cuál es la esperanza a que Él os ha llamado, y cuáles las riquezas de la gloria de su herencia en los santos".
> —Efesios 1:17–18

Algunas de mis asignaciones más importantes las recibí a través de sueños proféticos del Señor. Han cambiado mi vida, me han enviado advertencias y me han enseñado con quién conectarme y con quién desconectarme. He aprendido a orar y prestar atención al mundo de los sueños. Es una de las formas más poderosas en que Dios me habla. ¡A través de ellos me ha rescatado una y otra vez! ¡Doy gracias a Dios por los ojos espirituales que dio!

Dios puede alertarnos a través de nuestros ojos y oídos espirituales. El don de discernimiento de espíritus obra a través del Espíritu Santo para ayudarnos a saber qué espíritu está motivando a una persona o situación. Este don se vale de nuestros sentidos espirituales para revelarnos estas verdades. Muchos creyentes ignoran este tipo de advertencias porque no han desarrollado una comprensión sólida de los sentidos espirituales.

Podemos recibir recibir presentimientos, pensamientos y revelaciones sutiles por parte del Espíritu.

"Mas el que escudriña los corazones sabe cuál es la intención del Espíritu, porque conforme a la voluntad de Dios intercede por los santos".

—Romanos 8:27

Cuando recibimos advertencias de parte del Espíritu, pueden llegar de varias maneras.

- **Pensamientos de origen espiritual**. Es iluminación que nos llega en forma de pensamientos, pero que provienen del Espíritu.
- **Presentimientos.** Es como tener la impresión de que algo va a pasar, pero no en la mente, sino a nivel espiritual. Es un convencimiento sobre algo o alguien que va más allá de ser un simple pensamiento.
- **Una certeza interior.** Es cuando simplemente estamos seguros de algo porque nos lo dijo el Espíritu, y no hay

forma de evitarlo. No nos llegó a través de un encuentro fuera de lo común, sino que simplemente lo sabemos.

+ **Instrucción.** Se trata de un aviso o instrucción para moverse en una dirección determinada en cuanto a un asunto determinado.

+ **Impulso.** De esta unción no hay forma de escapar. En ella, nos sentimos impulsados a actuar.

Hay otros sentidos espirituales que como seres humanos tenemos. Por ejemplo, ¡hay sentidos de percepción espiritual! Podemos comenzar a percibir algo que nos muestra cuál es la atmósfera o el clima espiritual. En relación con los motivos, por ejemplo, si estamos cerca de alguien y sentimos un mal sabor, es porque hay algo demoníaco. Los demonios son feos, huelen mal y pueden causar un sabor desagradable en la boca.

"¡Cuán dulces son a mi paladar tus palabras! Más que la miel a mi boca".

—Salmo 119:103

"Desead, como niños recién nacidos, la leche espiritual no adulterada, para que por ella crezcáis para salvación si es que habéis gustado la benignidad del Señor".

—1 Pedro 2:2–3

¡Otro sentido espiritual poderoso es el sentido del olfato! A veces el discernimiento operará a través del olfato. Es posible oler la fragancia del cielo y, a menudo, oler la presencia de un demonio. Yo he ministrado o he estado en contacto con personas que necesitan ser liberadas y que tienen un olor sucio e impuro.

"Como incienso agradable os aceptaré, cuando os haya sacado de entre los pueblos, y os haya congregado de entre las tierras

en que estáis esparcidos; y seré santificado en vosotros a los
ojos de las naciones".

—Ezequiel 20:41

"Y andad en amor, como también Cristo nos amó, y se entregó
a sí mismo por nosotros, ofrenda y sacrificio a Dios en olor
fragante".

—Efesios 5:2

"Pero todo lo he recibido, y tengo abundancia; estoy lleno,
habiendo recibido de Epafrodito lo que enviasteis; olor fragante, sacrificio acepto, agradable a Dios".

—Filipenses 4:18

Un aspecto importante del espíritu de discernimiento es no descuidar
las alertas de nuestro propio espíritu. La necesidad de hacerlo, es una
advertencia de nuestro hombre interior. Es la impresión de que algo ocurre. Si sentimos esto, o experimentamos algo con nuestros sentidos espirituales, ¡no lo ignoremos! Prestemos atención y comencemos a orar. La
oración no solo puede salvar nuestra vida, sino que es esencial ante cualquier operación profética. Debemos procurar la revelación completa. No
paremos solo porque no recibimos la imagen completa. Hay que persistir.

La Biblia dice que muchos perecen por falta de conocimiento. Muchos
creyentes operan en un ámbito profético unidimensional, cuando lo que
Dios quiere es llevarnos a tener experiencias proféticas en cuarta dimensión. Él puede darnos revelaciones de diversas maneras. Esta pequeña
sección de ejemplos es apenas una muestra. Para comprender mejor el
ámbito profético, necesitamos estudiarlo y activarnos en él.

El Reino de Dios también emplea ángeles para proteger a su pueblo.
Tenemos ángeles asignados, que nos proporcionan protección sobrenatural. ¡En el Salmo 91:11, Dios dice que les dará a sus ángeles instrucciones
para protegernos! Tenemos el respaldo celestial y guerreros sobrenaturales de nuestro lado.

"Mirad que no menospreciéis a uno de estos pequeños; porque
os digo que sus ángeles en los cielos ven siempre el rostro de
mi Padre que está en los cielos".

—Mateo 18:10

¡Me encanta este versículo! Dios aquí revela cuánto valora a cada uno
de sus hijos. Asigna ángeles para que nos protejan contra los planes del
infierno. Dios tiene ángeles que tienen acceso directo a Él, que llevan comunicación vital del cielo a la tierra. Los ángeles están activos y trabajan para
que los planes del Reino se cumplan. No hay que tener miedo de la hueste
angélica, sino abrazar su ministerio en nuestra vida y en el Reino de Dios.

"Porque escrito está: A sus ángeles mandará acerca de ti, que
te guarden".

—Lucas 4:10

Cuando Satanás tentó a Jesús, lo desafió a arrojarse desde el punto
más alto del templo. Citó la Biblia, diciendo que Dios protegería a Jesús
con sus ángeles, sacando de contexto las palabras del Salmo 91. El diablo
conoce la Palabra. Él sabe cómo retorcerla y omitir los puntos clave para
engañar incluso a los elegidos si le es posible. Esto es exactamente lo que
estaba haciendo en este caso. Estaba intencionalmente omitiendo la parte
que dice "en todos sus caminos". La realidad es que Dios envía protección
angelical a aquellos que están comprometidos con su cuidado amoroso,
no a aquellos que quieren someterla a "falsos positivos".

"He aquí yo envío mi Ángel delante de ti para que te guarde
en el camino, y te introduzca en el lugar que yo he preparado".

—Éxodo 23:20

Dios usó un ángel poderoso para proteger a Israel mientras viajaban a
la Tierra Prometida. A este ángel se le encargó su orientación y bienestar.
¡Dios asigna a los ángeles para proteger a su pueblo y asegurarnos de que

lleguemos a donde Él nos quiere llevar! Los ángeles son una parte importante de los planes de protección de Dios en nuestra vida. Son guerreros sobrenaturales que trabajan con y para nosotros porque somos los herederos de la salvación.

La sangre de Jesús es otra parte de nuestro paquete de protección. En Éxodo, la presencia de la sangre hizo que la muerte pasara por encima de las casas de los hebreos. Este era un tipo de la sangre del inmaculado Cordero que vendría a erradicar los pecados del mundo. ¡La sangre de Jesús derrotó y conquistó el poder de la muerte, el infierno y la tumba! Por el poder de la sangre de Jesús, podemos venir audazmente ante la presencia de Dios. La sangre de Jesús levanta un poderoso muro entre el pecado y los creyentes que han sido hechos justicia de Dios a través de Jesús (ver 2 Co. 5:21).

Cada vez que Dios nos encarga una tarea, nos brinda su protección divina. Pero es fundamental caminar en la fe y reclamar esa protección. El don profético trae protección. Su palabra trae protección. El Señor enviará los líderes correctos y los dones ministeriales para hablarnos y emitir advertencias, instrucciones y datos para nuestra protección. Debemos prestar especial atención a las voces con las que conectamos. ¡En su unción hay protección! Su unción liquidará a los poderes del infierno. Esta protección está íntimamente vinculada con el plan de Dios para nuestra vida.

ORACIÓN PROFÉTICA

Señor, te agradezco por la protección divina en mi vida. Te agradezco que ningún arma forjada contra mí prospere. Te agradezco por los ángeles del Señor que me protegen. Te agradezco por tu gloria que me cubre. Decreto que estoy salvaguardado de manera sobrenatural. En el nombre de Jesús. Amén.

YO DECRETO SOBRE USTED...

Decreto la protección inusual y sobrenatural de Dios sobre su vida. Decreto que sus pasos son ordenados y dirigidos por el Padre. Lo veo guiándolo hacia nuevos territorios y liberando huestes angélicas para protegerlo. Lo veo actuando en función de un propósito y destino maravillosos. Mientras Dios lo dirige de manera sobrenatural y elevada, también lo protegerá de todos los planes del enemigo.

PARA REFLEXIONAR

- Cada plan de Dios conlleva protección.
- La sangre de Jesús provee un escudo.
- ¿Ha reclamado, activado y entendido el don de discernimiento de espíritus?
- ¿Le ha ocurrido alguna vez que Dios le ha hablado y usted ha ignorado su advertencia?
- ¿Está usted atento a las advertencias de Dios?
- Los ángeles del Señor son una fuerza protectora que lo rodea.

- Cuando estamos en conexión con Dios liberamos la protección angélica.
- ¡El nombre del Señor es una torre fuerte!
- Use el nombre de Jesús como arma protectora contra el enemigo.
- ¡Dios puede hacer que su enemigo desaparezca!
- Él puede esconderlo del adversario.

Capítulo 4

EL MISTERIO DE LOS TIEMPOS DE DIOS

Los tiempos de Dios es uno de los elementos que más llaman la atención en las historias de Jocabed y Moisés. El principio de los tiempos de Dios es misterioso. El cielo tiene planes y hazañas impresionantes preparados para nuestra vida, pero es necesario entender las etapas y el ritmo de las cosas. El siguiente versículo de Eclesiastés es uno de los pasajes más conocidos relacionados con el tiempo. ¡Cada propósito tiene su tiempo asignado!

> "Todo tiene su tiempo, y todo lo que se quiere debajo del cielo tiene su hora".
>
> —Eclesiastés 3:1

Malgastar el tiempo de Dios en cuanto al destino se refiere, puede ser un error garrafal. En la experiencia de Jocabed cada paso tuvo su etapa sobrenatural. Al sumergirnos en la gloria de Dios para seguir sus planes para nuestra vida, familia y propósito en la tierra, debemos discernir los tiempos con precisión. No hay propósito que no tenga asignados sus tiempos y etapas. Hay momentos para esperar, observar, arrancar y construir.

Rendir nuestra vida es esperar pacientemente en el Señor. Uno de los actos de confianza y obediencia más extraordinarios, es simplemente sentarnos cuando nuestra mente está lista para avanzar y nuestro espíritu está lleno de revelación. En la espera hay simpleza y profundidad a la vez. A veces me río, porque la gente me dice que pareciera que yo surgí de la nada. No saben todo lo que tuve que esperar en el Señor y buscar su plan perfecto.

¡Cualquiera puede sentirse impulsado a dar el salto! Es fácil tener consciencia del destino y querer actuar. Pero para esperar se necesita oración, trabajo y búsqueda de la voluntad del Padre. Sin embargo, ¡la espera es hermosa!

"Pacientemente esperé a Jehová, y se inclinó a mí, y oyó mi clamor".

—Salmo 40:1

"Todo lo hizo hermoso en su tiempo; y ha puesto eternidad en el corazón de ellos, sin que alcance el hombre a entender la obra que ha hecho Dios desde el principio hasta el fin".

—Eclesiastés 3:11

Dios ya trazó el principio y el final. Él tiene un plan para cada situación. Es posible que no lo sintamos o te demos cuenta, pero si ya le entregamos nuestra vida, Él ya está trabajando a nuestro favor. Sus planes están vivos y activos incluso en los momentos en que la espera se vuelve difícil. Él obra todas sus maravillas a su debido tiempo. En la espera hay lecciones profundas y significativas que aprender, gigantes que enfrentar y mantos que atrapar.

EL REGALO DE LA ESPERA

Uno de los regalos que Dios tiene para nosotros es el de la espera, a pesar de que en el momento podría parecer más una carga que un regalo. ¿Qué es la espera? Es el tiempo que transcurre después de que algo fue revelado, y en el que se nos pide que seamos pacientes hasta que se haga realidad.

"Mi porción es Jehová, dijo mi alma; por tanto, en Él esperaré.
Bueno es Jehová a los que en Él esperan, al alma que le busca".
—Lamentaciones 3:24–25

Es insensato asumir una tarea antes de que Dios nos haya preparado adecuadamente. La mayoría de las veces, tiramos la toalla antes de tiempo debido a nuestra inmadurez. Durante la espera, sin embargo, Dios nos lleva de vuelta a la cruz, en cuyo pie dejamos todas las motivaciones erróneas, las ambiciones impuras y los falsos conceptos. Es la espera la que nos ayuda a perfeccionar nuestro carácter. A veces es fácil confundir los dones y las habilidades espirituales con la madurez. He visto eso muchas, muchas veces. Hay quienes pueden profetizar con fervor, cantar bien o predicar poderosamente, pero su integridad es deficiente y su vida desastrosa. Su habilidad es un don. Los dones son compatibles con el carácter, y el carácter se desarrolla con el tiempo. Hay un proceso de desarrollo del carácter que no siempre es fácil, pero es imperativo para cumplir el propósito.

A los creyentes maduros no los intimida ni los frustra la espera. Se someten al proceso de Dios, lo asumen de buena gana y preparan sus corazones para buscar al Padre. Cooperan con el plan de preparación. No hay un solo lugar en la Palabra de Dios donde un hombre o una mujer haya sido enviado sin un proceso previo. Fueron preparados durante el viaje y, cuando llegó el momento, partieron. David pasó tiempo solo, durante el cual aprendió a adorar y se preparó para la guerra. Mató al león y al oso antes de que llegara el momento de levantarse para enfrentar al gigante.

"David respondió a Saúl: Tu siervo era pastor de las ovejas de su padre; y cuando venía un león, o un oso, y tomaba algún cordero de la manada, salía yo tras él, y lo hería, y lo libraba de su boca; y si se levantaba contra mí, yo le echaba mano de la quijada, y lo hería y lo mataba. Fuese león, fuese oso, tu siervo lo mataba; y este filisteo incircunciso será como uno

de ellos, porque ha provocado al ejército del Dios viviente.
Añadió David: Jehová, que me ha librado de las garras del
león y de las garras del oso, Él también me librará de la mano
de este filisteo".

—1 Samuel 17:34–37

David fue enviado al campo como un simple pastor mientras sus hermanos estaban en la batalla. Fue excluido de las actividades de su familia. Incluso cuando el profeta llegó a su casa para ungir al nuevo rey, su propio padre lo rechazó y lo dejó afuera. ¡Dios fue quien lo llamó y lo ungió en medio de los que lo rechazaron!

¿Qué habría pasado si David hubiera apresurado el proceso? ¿Qué habría pasado si se hubiera ofendido y amargado debido a las acciones de su padre y sus hermanos, y hubiera tirado la toalla? ¿Qué hizo que mantuviera su corazón puro? ¡La adoración!

"¡Oh Jehová, cuánto se han multiplicado mis adversarios!
Muchos son los que se levantan contra mí. Muchos son los
que dicen de mí: No hay para él salvación en Dios. Mas tú,
Jehová, eres escudo alrededor de mí; mi gloria, y el que levanta mi cabeza. Con mi voz clamé a Jehová, y Él me respondió
desde su monte santo".

—Salmo 3:1–4

Estas palabras se escribieron en uno de los momentos más oscuros de la vida de David, cuando se encontraba sufriendo la amarga traición de su hijo Absalón. En medio de ese momento lóbrego, David echó mano del arma que lo sacó del campo de pastoreo y lo llevó al palacio: ¡Adoró a Dios! La presencia de Dios evitó que David atravesará el oscuro camino de la ira y el rechazo. Acudió a Jehová una y otra vez.

¡La presencia de Dios nos mantiene, nos refina y nos limpia! No hay nada como la presencia de Dios. Una vez que hemos probado su poder y majestad, jamás querremos volver a la normalidad y a confiar en nosotros mismos. Tendremos un profundo deseo por la presencia de Dios y su gloria.

Mientras David cuidaba las ovejas, se encontró con leones y osos. Se enfrentó a animales voraces y los derrotó. Nunca se habría encontrado con ellos si no hubiera estado en un lugar aislado. Esa experiencia lo preparó para derrotar a Goliat.

¡Durante los tiempos más oscuros de la espera sigue habiendo un propósito! Ese es el misterio de la espera. Cuando no se pueden sentir o ver las manos del Padre, estas siguen ahí y actúan a nuestro favor. El enemigo un maestro creando falsas narrativas. Él ha estado mintiendo a la humanidad y tergiversando todo desde el principio de la creación. Él sabe cómo hablar con los hombres y las mujeres de una manera que seduce sus emociones.

Esperar revela nuestra impaciencia. Esperar revela nuestras inseguridades. Cuando nos dicen que no, nuestro corazón es puesto a prueba. Cuando se cierra esa puerta por la que creíamos que entraríamos, somos probados. ¿Qué vamos a hacer? ¿Claudicar? ¿Correr de vuelta a la vieja esclavitud? ¿Buscar refugio en lugares equivocados y placeres carnales?

Todo esto queda al descubierto en la espera. El corazón se prueba en la espera. Cuando David fue llevado al frente de batalla, recordó todos los obstáculos y desafíos de la espera. Tenía confianza en Dios porque sabía dónde había estado.

El propósito de Dios es preparar nuestro corazón y capacitarnos durante la espera. Él quiere cortar ciertas cosas y llevarnos a tener un mayor nivel de confianza y dependencia de su gracia, encender nuestra fe, liberar esperanza, e invitarnos a descansar en su fidelidad mientras esperamos.

"En aquellos días sucedió que crecido ya Moisés, salió a sus hermanos, y los vio en sus duras tareas, y observó a un egipcio que golpeaba a uno de los hebreos, sus hermanos. Entonces miró a todas partes, y viendo que no parecía nadie, mató al egipcio y lo escondió en la arena. Al día siguiente salió y vio a dos hebreos que reñían; entonces dijo al que maltrataba al otro:

¿Por qué golpeas a tu prójimo? Y él respondió: ¿Quién te ha puesto a ti por príncipe y juez sobre nosotros? ¿Piensas matarme como mataste al egipcio? Entonces Moisés tuvo miedo, y dijo: Ciertamente esto ha sido descubierto. Oyendo Faraón acerca de este hecho, procuró matar a Moisés; pero Moisés huyó de delante de Faraón, y habitó en la tierra de Madián".

—Éxodo 2:11–15

Moisés fue llamado a ser un libertador. Dios lo levantó en respuesta a la injusticia. Una de las dimensiones de la unción de Jocabed es la gloria de dar a luz libertadores y liberación. Moisés entendió la misión de su vida, pero salió prematuramente.

Su acción exige una respuesta a una pregunta más profunda: ¿Por qué a veces asumimos algo para lo que realmente no estamos preparados? Las respuestas pueden ser diversas, pero una de las más obvias es la inmadurez. Simplemente nos dejamos llevar por las emociones y nos negamos a permitir que el proceso nos prepare adecuadamente.

Durante mis años en el ministerio he visto a muchos caer en este peligroso patrón. Fulanito recibe una vislumbre de su llamado y responde con poca o ninguna sabiduría. Luego, cuando Dios envía voces experimentadas para advertirle, arremete contra ellos con ira y rebelión. Esto es inmadurez y carnalidad. Este tipo de respuesta carnal demuestra una verdadera falta de sabiduría.

"¿Quién es sabio y entendido entre vosotros? Muestre por la buena conducta sus [buenas] obras en sabia mansedumbre. Pero si tenéis celos amargos y contención en vuestro corazón, no os jactéis, ni [como resultado] mintáis contra la verdad; porque esta sabiduría [superficial] no es la que desciende de lo alto, sino terrenal [secular], animal [no espiritual], diabólica. Porque donde hay celos y contención, allí hay perturbación [inestabilidad, rebelión] y toda obra perversa.

Pero la sabiduría que es de lo alto es primeramente pura [moral y espiritualmente no contaminada], después pacífica [cortés, considerada], amable, benigna [y dispuesta a escuchar], llena de misericordia y de buenos frutos, sin incertidumbre ni hipocresía [justificada] [sin engaño egoísta]".

—Santiago 3:13–17, corchetes añadidos

Muchos caen en la trampa de la sabiduría carnal y egoísta que alimenta sus egos. Esto es peligroso si estamos en pos de nuestro llamado espiritual, ya que conduce a la gratificación personal y no al servicio al pueblo de Dios. La sabiduría carnal podría llevarnos a hacer algo que el cielo aún no ha aprobado. Muchos creyentes están más arraigados en el consejo y la ambición carnales que en los principios bíblicos y el proceso de Dios para sus vidas.

No reconocer que el llamado exige un intenso proceso de preparación es peligroso. Dios no puede confiarnos la mente y el corazón de su familia hasta que nuestra mente y nuestro corazón estén completamente limpios y entregados a Él. Este es el propósito del proceso.

¡Cuando Moisés se adelantó, alguien murió! Y esto debería de servirnos como advertencia. Si nos apresuramos a cumplir un propósito antes de que estemos listos, habrá bajas. Tengo un excelente ejemplo de esto. Hace unos años, aconsejé a una pareja de jóvenes que esperara para plantar su iglesia, ya que me parecía que no era aún el momento. Les comuniqué mis preocupaciones. Lo único que entendieron fue que yo los estaba reteniendo. Ignoraron mi consejo, se retiraron y cometieron exactamente los errores que les advertí. El resultado final fue que la joven iglesia no subsistió, causando muchas fricciones durante el proceso. Me pregunto cuántas bajas hemos tenido en el Reino porque la ambición se impuso sobre la cordura.

Moisés se retiró y pasó una temporada intensa huyendo del llamado. Se desanimó. Podríamos llamarlo guerra espiritual, pero en realidad fue el resultado de una pobre comprensión de los tiempos de Dios. Dar inicio a algo antes de que estemos preparados, solo produce dolores innecesarios y desaliento. El corazón amoroso del Padre siempre nos conducirá, nos dará seguridad y nos indicará el momento correcto.

> "El amor es sufrido, es benigno; el amor no tiene envidia, el amor no es jactancioso, no se envanece".
>
> —1 Corintios 13:4

Dentro de los límites del amor, existe la voluntad de ser paciente, la voluntad de esperar. A través del amor, podemos alcanzar ese punto ideal en el que podemos esperar de manera efectiva al Señor.

El *Diccionario Webster* define *arrogante* como "exagerado o dispuesto a exagerar el valor o la importancia de uno mismo, a menudo con una actitud prepotente // un funcionario *arrogante*; mostrar una actitud ofensiva de superioridad: que procede o se caracteriza por la arrogancia".[1]

El amor no es arrogante. No es dominante ni se autocomplace. Los que se niegan a esperar, por lo general consideran que sus propios dones y su opinión son superiores. No valoran la sabiduría y el liderazgo de los demás. Esto es peligroso y abre la puerta para que entre el espíritu del engaño.

Todo verdadero don de Dios es consagrado. Es apartado y purificado para que Dios, no el hombre, reciba toda la gloria. Cada vez que procuramos nuestra propia superioridad por sobre la fidelidad de la cruz, cometemos un error. Es por ello que la oración constante y el tiempo en la presencia de Dios es vital. La dulce e íntima presencia de Dios purifica el corazón y coloca el fuego ardiente de la purificación sobre nuestros dones.

> "Mejor es el fin del negocio que su principio; mejor es el sufrido de espíritu que el altivo de espíritu".
>
> —Eclesiastés 7:8

Oración profética

Padre, te agradezco por el don de la espera. Valoro tus tiempos y deseo estar sincronizado contigo. Decreto que viviré según tus tiempos divinos. Seguiré tu voz, e ignoraré la voz de los extraños. Ato la impaciencia y la frustración. No permitiré que mi carne me engañe. Declaro que soy paciente y amable, y que no soy arrogante. Declaro que me someto a tu tiempo, Señor. Te agradezco, Padre, por tu dirección divina y por poner tu ritmo en mi vida. En el nombre de Jesús. Amén.

Yo decreto sobre usted...

Decreto tiempos perfectos y planificación en su vida. Decreto el proceso adecuado de desarrollo de su destino. Lo veo avanzar en los tiempos y la gracia de Dios. Veo que todo se dispone para usted. El enemigo dijo que no funcionaría, pero es un mentiroso. Veo las manos amorosas del Padre dirigiendo cada tarea, relación y mandato en su vida. Él lo está guiando a través del proceso. Verá, escuchará y conocerá su voluntad para usted en cada aspecto de su vida. En el nombre de Jesús. Amén.

Para reflexionar

- ¿En qué aspectos he fallado?
- ¿Fallé porque me apresuré a actuar?
- ¿Hay orgullo manifestándose en lo que concierne a mi vocación y mi llamado?
- ¿Le he hecho daño a otras personas por no haber sabido esperar?

Si respondió que sí a cualquiera de las preguntas anteriores, no se sienta mal y decida seguir adelante con sabiduría y respetando los tiempos de Dios. Comprométase a orar con más fervor para ajustarse a esos tiempos.

- ¿Puedo ver la hermosura de saber esperar?
- ¿Puedo ver la mano de Dios obrando en la aparente demora?
- ¿Confío en Dios lo suficiente?

Capítulo 5

EL MISTERIO DEL DESPEGUE

E N NUESTRO ESTUDIO de los misterios propios de la unción de Jocabed y de la historia de su hijo Moisés, no podemos pasar por alto el misterio del despegue. ¡Hay un momento específico en el que Dios acelera nuestro destino con una fuerza repentina e inusitada al que yo llamo el despegue divino! Para muchos, esto es un misterio, ya que solo piensan en despegar por sus propios medios.

Aunque entiendo muy bien todo lo relacionado con el libre albedrío, el poder de nuestras elecciones y los resultados de nuestra siembra, ¡también creo que Dios es el que se encarga de darnos ese despegue decisivo hacia nuestro destino! No somos unos huérfanos dejados a nuestra propia suerte. Cuando surge la tentación de urdir algo que el cielo no ha orquestado, estamos cayendo en la mentalidad y el espíritu del huérfano. Nuestra propia impaciencia e inseguridad se alinean con la voz del enemigo para que reaccionemos de manera carnal.

> "El que siembra para sí mismo, de sí mismo cosechará corrupción; pero el que siembra para el Espíritu, del Espíritu cosechará vida eterna".
>
> —Gálatas 6:8, RVC

El enemigo intentará atraparnos en patrones de siembra infructuosos en el ámbito carnal y mantenernos fuera del reino espiritual, con la intención de producir una cosecha corrupta. Al intentar despegar nosotros mismos, corremos el riesgo de cosechar corrupción. Esto de ninguna manera quiere decir que debemos ser perezosos o que no debemos trabajar

diligentemente para hacer realidad las palabras proféticas y el mandato
de Dios sobre nuestra vida. Significa que no podemos darnos el lujo de
actuar como huérfanos: dirigiéndonos a nosotros mismos, protegiéndo-
nos a nosotros mismos y manteniéndonos nosotros mismos. Esta es una
trampa del diablo que nos hace perder los derechos y privilegios que tenemos como hijos del Padre celestial.

Para entender mejor lo que es cosechar corrupción, analicemos el significado de la palabra *corrupción* en Gálatas 6:8. La palabra griega *phthora* traducida como «corrupción» en este versículo, significa "destrucción,
corrupción". Puede significar "destrucción por corrupción interna (dete-
rioro, descomposición); podredumbre, perecedero, corrupción, descomposición, putrefacción".[1] Cuando armamos nuestra vida basándonos en
nuestros pensamientos carnales, establecemos nuestros propios límites
y sembramos en el reino de la carne. El resultado final es una cosecha
temporal arruinada, llena de depravación.

La palabra *despegar*, por otra parte, significa "elevarse, catapultarse o liberar (un objeto autopropulsado); salir (un barco o navío) a flote […]; tener
un buen comienzo; saltar hacia adelante […]; arrancar enérgicamente".[2]

Estas definiciones nos ayudan a tener una imagen profética clara. Dios
tiene sus tiempos y su mecanismo para catapultar, propulsar y liberar a su
pueblo. Primero Él declara su destino. Ellos lo oyen, lo ven y lo conocen,
y luego lo aceptan. Él los unge, ellos entran en un proceso de preparación
iniciado por el cielo, y de repente llega el impulso.

En este preciso momento hay personas, ministerios, planes y propósitos
en la plataforma de lanzamiento, que Dios ha pospuesto para que tengan
un despegue sobrenatural. Él ha puesto grandeza dentro de cada uno de
sus hijos, pero debemos reconocer este misterio del despegue.

¿Qué es lo que hace que unos despeguen mientras que a otros les toca
esperar? Debemos creer en los tiempos de Dios y saber discernirlos. Él les
da el despegue a unos mientras prepara a otros. A veces, cuando vemos
que otros tienen éxito y nos superan, podemos sentirnos frustrados, pero
el Reino de Dios tiene un calendario y planes perfectamente establecidos.
El enemigo tratará de entramparnos para que caigamos en el juego de las

comparaciones falsas. Aunque el destino de una persona puede ser similar al de otra, sigue siendo único. No podemos darnos el lujo de sentir envidia del despegue de otro. Eso abortará nuestro lanzamiento y detendrá los motores de nuestro destino.

"El corazón apacible es vida a la carne; mas la envidia, pudrimiento de huesos".

—Proverbios 14:30, jbs

¡La envidia pudre! Trae contaminación a la vida. No podemos darnos el lujo de enojarnos porque alguien está viviendo su oportunidad mientras nosotros seguimos esperando. Debemos celebrar el despegue de los demás y dejar que nos inspire a creer que el nuestro está por llegar.

Yo fui testigo de una situación trágica en la que la envidia alcanzó niveles demoníacos entre dos personas que tenían ministerios similares. Uno de ellos estuvo durante un breve período bajo el ministerio de un pastor más experimentado, cuando de repente tuvo un despegue repentino. La bendición que se manifestó en él fue absolutamente sobrenatural y explosiva. Esta prometedora voz fue creciendo cada vez más, se caracterizaba por una actitud humilde y un genuino amor por Dios y su pueblo. Era una delicia verlo.

El otro pastor se había estancado y enfrentaba importantes desafíos personales. Parecía que el rápido despegue de su pupilo era injusto. El pastor más experimentado comenzó a tomar una serie de decisiones demoníacas para abortar el despegue del otro. Era una situación similar a la de Caín y Abel. Dios le siguió dando éxitos al nuevo líder mientras disminuía la influencia del acusador. Esto es lo que ocurre cuando la ambición, el control y la amargura dominan a alguien: abren un portal tóxico por el que pueden entrar espíritus de manipulación y brujería.

Dios le da el despegue a *quien* Él elige, *cuando* Él lo elige y *como* Él lo elige. Ciertamente, podemos observar principios bíblicos, ¡pero solo Él tiene la potestad de hacerlo! Este es el misterio del despegue. A nosotros no nos toca decidir cómo ni quién.

Escucha su orden

"Cuando terminó de hablar, dijo a Simón: Boga mar adentro,
y echad vuestras redes para pescar".

—Lucas 5:4

Jesús estaba desafiando a un hábil pescador. Simón había trabajado toda
la noche en vano. Su mente y su cuerpo estaban cansados, pero a pesar
de eso, el Señor le pidió que se lanzara a las profundidades. Era todo un
atrevimiento. ¡Lánzate al abismo! ¡Entra en lo desconocido! ¡Ve a donde
no tiene ningún sentido ir! ¡Anula lo que el sentido común te dice!

En mi experiencia, allí es donde ocurren los mayores milagros. No es
posible permanecer en la zona segura y en la zona de los milagros al mismo tiempo. Son dos lugares completamente diferentes. Dios invita a su
pueblo a despegar hacia nuevas ideas, nuevos esfuerzos, nuevos planes y
nuevos conceptos proféticos.

Muchos pierden su «cosecha romperedes» porque no se lanzan cuando
el cielo lo declara. El cielo estaba mandando a Simón Pedro a salir y obtener una cosecha que rompiera sus redes. En el momento, Simón Pedro
tuvo que luchar contra lo que su mentalidad humana le decía. Tenía que
confiar en el poder de Dios. Finalmente, decidió obedecer a Jesús y despegar. Es en ese momento que la victoria es abrumadora y se realiza la
cosecha. Debemos escuchar la orden de Dios e ir, a pesar de lo que nos
digan nuestros pensamientos humanos. Cuando Dios habla, se libera poder.

Uno de los elementos vitales para el despegue es la palabra del Señor. Yo
nunca he experimentado despegar a nadie sin la dirección profética. La voz
del Señor es el mapa fundamental y lo que inspira fe en nuestro corazón.

Las atmósferas proféticas nos preparan para el despegue. Necesitamos
ir a lugares donde la voz de Dios sea honrada y bienvenida. La mayoría de
la gente busca respuestas en lugares vacíos. Entremos en iglesias donde se
promueva lo profético. Hagámonos amigos de personas con dones proféticos. Escuchemos las voces proféticas y establezcamos una atmósfera
profética en nuestro propio hogar.

Recuerdo una vez, hace unos años, cuando Dios nos estaba hablando a mi esposa Joy y a mí sobre un nuevo despegue en nuestras vidas. Habíamos recibido innumerables palabras proféticas sobre una transición y un cambio, pero parecíamos estar estancados. Durante ese tiempo, la tierna voz del Señor inspiró mi corazón a que pasara un tiempo específico del día en oración. Fue una clara exhortación a orar a una hora diferente a la que me gusta orar. Le pedí a mi Padre su gracia. Se convirtió en lo más natural que había hecho, al punto de que anhelaba esos momentos con Dios.

Mientras oraba, Dios me dio revelaciones y palabras tanto para mí como para su pueblo. Libros enteros salieron de esos momentos con Dios. Surgieron avivamientos. Se produjeron grandes milagros en mi vida y en mi ministerio como resultado de lo que Dios me habló durante esos momentos.

Con la ayuda de Dios, establecí una atmósfera profética en mi hogar y en mi ministerio. La palabra del Señor fue abundante y su dirección era clara. Dios trajo una catapulta repentina y aceleró todo lo que estábamos haciendo. Cuando el cielo habló, ¡suministró los códigos para el lanzamiento! Escuchemos a los profetas, las palabras proféticas y las indicaciones del Espíritu. Valoremos la voz del Señor.

Cinco pasos para su despegue

1. Verifique el sistema y asegúrese de que todo esté en orden.

Ponerse en sintonía con los planes y propósitos celestiales preparará el despegue. Verifique sus conexiones y planes como un primer paso vital en el proceso del despegue.

> "Porque ¿quién de vosotros, queriendo edificar una torre, no se sienta primero y calcula los gastos, a ver si tiene lo que necesita para acabarla? No sea que después que haya puesto el cimiento, y no pueda acabarla, todos los que lo vean comiencen a hacer burla de él, diciendo: este hombre comenzó a edificar, y no pudo acabar".
>
> —Lucas 14:28–30

2. Haga una verificación de seguridad: asegúrese de que las puertas estén bien cerradas.

Asegúrese de que el perímetro esté asegurado al expulsar al enemigo y sus mentiras. Fortalezca sus pensamientos y renueve su mente. Practique la guerra espiritual y eche a Satanás de su vida. ¡La idea no es despegar para estrellarse y quemarse! Hay que volar sobre los vientos del Espíritu. Deje que Dios limpie su vida.

> "En aquel día cantarán este cántico en tierra de Judá: Fuerte ciudad tenemos; salvación puso Dios por muros y antemuro. Abrid las puertas, y entrará la gente justa, guardadora de verdades".
>
> —Isaías 26:1–2

3. Espere la autorización.

Esto es fundamental. Hay un tiempo divino, y Dios le indicará cuál es. ¡No tenga prisa! No permita que la ambición carnal lo conmine innecesariamente a saltar sin estar listo. El Padre sabe lo que usted puede manejar y cuándo debe arrancar. Confíe en Dios.

> "Por lo cual no resbalará jamás; en memoria eterna será el justo. No tendrá temor de malas noticias; su corazón está firme, confiado en Jehová".
>
> —Salmo 112:6–7

4. ¡Comienza la cuenta regresiva!

Hay un tiempo *kairos* y una cuenta regresiva profética que comienza durante los momentos finales antes del despegue. Cuando se descubre el propósito, se revelan los tiempos, y esto es algo que solo se recibe de la sabiduría del Señor. Ahora más que nunca es momento de caminar en sabiduría y obediencia.

> "No nos cansemos, pues, de hacer bien; porque a su tiempo segaremos, si no desmayamos".
>
> —Gálatas 6:9

5. ¡No aborte la misión!

La desobediencia y la incredulidad pueden abortar la misión. Es necesaria una fe sólida y radical para un despegue exitoso. Dedique tiempo a desarrollar la fe necesaria para su tarea. No deje que la voz del enemigo lo distraiga o lo desvíe del rumbo. Sea rápido para reconocer sus mentiras y derribarlas.

> "Tampoco dudó, por incredulidad, de la promesa de Dios, sino que se fortaleció en fe, dando gloria a Dios".
> —Romanos 4:20

Cuando Dios dice que es hora de despegar, hay que actuar de manera rápida y repentina. ¡Es necesario creer para poder despegar! Decrete el despegue y procure su comprensión profética. Puede parecer imposible hoy, pero puedo asegurarle que cuando Dios lo indique, usted despegará de manera rápida y decidida al destino que Dios ha ordenado para usted.

ESCUCHE LA VOZ CORRECTA

Contar con los amigos correctos es fundamental para el despegue. No podemos ampliar nuestro horizonte si escuchamos voces que nos limitan. Dios ensanchará nuestro círculo de amistades mientras nos prepara para el despegue. Entablaremos relaciones divinas durante nuestra etapa de despegue. El despegue hará que algunas personas intenten detenernos. Parece mentira, pero hay gente a la que le gusta la versión pequeña de nosotros. Les gusta la versión limitada de nosotros y, cuando aparezca la versión acrecentada, se sentirán incómodos.

¡Algunos no podrán ir con nosotros! Muchas veces, cuando pasamos a otro nivel, algunos eligen no acompañarnos, y debemos entender que esa es su decisión. Dios los ama y tiene un plan para ellos, pero deben dejarnos avanzar. Deben estar dispuestos a crecer. Tal vez nos liberemos de algunos amigos de mente limitada, de los que se quejan y quizá de uno y otro crítico. Debemos aprender a quiénes debemos escuchar y a quiénes ignorar.

Cuando David quiso enfrentarse a Goliat, sus propios hermanos se pusieron en su contra.

> "Y oyéndole hablar Eliab su hermano mayor con aquellos hombres, se encendió en ira contra David y dijo: ¿Para qué has descendido acá? ¿Y a quién has dejado aquellas pocas ovejas en el desierto? Yo conozco tu soberbia y la malicia de tu corazón, que para ver la batalla has venido".
>
> —1 Samuel 17:28

David tenía que tomar una decisión. ¿Permitiría que las opiniones y las palabras negativas de su hermano lo alejaran del plan de Dios? Es una triste verdad, pero muchos seres humanos simplemente no son lo suficientemente fuertes emocional o espiritualmente para avanzar en el plan de Dios cuando sus amigos cercanos o miembros de la familia les dicen palabras fuertes. Temen a los hombres más que a Dios.

David ignoró las palabras de su hermano enojado y siguió el plan de Dios. Derrotó al gigante y pasó a otro nivel debido a su obediencia. Al igual que David, nuestra obediencia y decisión traerán *mucho* poder a nuestra vida. Debemos ser decididos en la manera en que nos relacionamos con los demás. No debemos permitir que las palabras de aquellos que están airados o llenos de incredulidad nos detengan. Si Dios habló, ¡entonces es así! Nuestro trabajo consiste en creer, obedecer y cooperar.

¿Qué haremos entonces con los que no quieren acompañarnos en nuestra siguiente etapa? ¡Encomendémoslos a Dios! Nosotros no somos sus dueños. Ellos pertenecen al Padre, y Él tiene buenos planes para ellos. Dejemos que el Señor se ocupe de ellos, y hagámoslo de buena manera. No permitamos que las críticas o lo que puedan hacer o decir influya. El enemigo tratará de condenar todo lo que hacemos. Él usa esa estrategia para que caigamos en una situación tóxica y abortemos nuestro despegue. Alejémonos de él. Algunos se sentirán culpables por el cambio en la relación. Seamos amables con ellos. Oremos por ellos y pidamos que el amor del Padre los rodee.

Oración profética

Padre, te agradezco porque en este momento me estás preparando para catapultarme. Creo que todo mi avance viene de ti. Descanso en tu gracia. Agradezco que tú diriges las etapas de mi vida y solo tú tienes las llaves de mi destino. Me someto a tus tiempos y tu dirección. Dame la sabiduría necesaria para atravesar con éxito cada temporada y observar las lecciones que me enseñaste para estar preparado para mi próximo nivel. Te agradezco por las palabras proféticas y la comprensión que me has revelado de mi tarea. Te agradezco por las ideas, las estrategias y las palabras que me das. Te agradezco por tu rápido y repentino accionar a mi favor. En el nombre de Jesús. Amén.

Yo decreto sobre usted...

Decreto una estrategia inteligente en su vida. Decreto un crecimiento súbito y rápido, y el favor de Dios en su vida. Ordeno que se abran las puertas correctas y que se cierren las incorrectas. Rompo el poder de la culpa y la condenación en sus relaciones, y declaro sabiduría y gracia en esas áreas de su vida. Decreto que discernirá sabiamente cuáles serán sus compañeros de destino en cada etapa de su vida. Decreto que celebrará el despegue de otros y esperará pacientemente su propio despegue. En el nombre de Jesús. Amén.

Para reflexionar

- ¿Qué le está diciendo Dios sobre su siguiente etapa?
- ¿Qué lecciones le está enseñando en este momento?

- ¿Se alegra usted cuando otros despegan?
- ¿Hay gente en su vida entusiasmada con su crecimiento?
- ¿Hay gente en su vida que quiere que usted se quede como está?
- ¿Qué voces negativas y relaciones tóxicas debe evaluar?
- ¿Ha creado un espacio en su vida para la voz del Señor?
- ¿Está prestando atención a las palabras proféticas sobre su destino?
- ¿Pasa momentos estratégicos escuchando y analizando lo que el Padre le está diciendo?

Capítulo 6

EL MISTERIO DEL FAVOR DE DIOS

EL FAVOR DE Dios es su principal instrumento para desarrollarnos. Cada vez que pasamos a un nuevo nivel, el favor de Dios el catalizador. Muchos no entienden este misterio. El favor de Dios puede hacer que una persona surja, mientras que otra permanece donde está. El favor de Dios puede hacer que se abra una puerta para la cual una persona no está calificada a nivel terrenal.

> "Y tendrás el favor y el aprecio de Dios y de los hombres. Confía de todo corazón en el Señor y no en tu propia inteligencia. Ten presente al Señor en todo lo que hagas, y Él te llevará por el camino recto".
>
> —Proverbios 3:4–6, DHH

Este pasaje de las Escrituras revela dos dimensiones que necesitamos para cumplir nuestro mandato en la tierra: el favor de Dios y el favor de los hombres. El favor de Dios hace que la atención del Señor se dirija hacia nosotros. Cuando tenemos la atención del cielo, crecemos y prosperamos. Graham Cooke escribe en su blog *Brilliant Perspectives*:

> "El favor de Dios es un estilo de vida en el que crecemos y nos expandimos cada vez más y que mejora nuestra relación con la Deidad y nuestra posición en el Reino.
>
> El desarrollo del favor de Dios va de la mano con el aprendizaje del arte de caminar y obrar en la verdad de lo que Cristo

representa para nosotros y en lo que tenemos permiso de convertirnos en él.

El favor de Dios se recibe como parte de un proceso maravilloso que nos permite luchar contra nuestra propia negatividad y superar todas las circunstancias de la vida porque, hemos encontrado favor ante los ojos de Dios".[1]

Su favor libera recursos

El cielo no tiene límites de recursos. A muchos creyentes se les ha enseñado mal en este aspecto. ¡Debemos entender adecuadamente que a Dios no le falta nada! Nunca habrá una reunión de la junta celestial para decidir cómo pagar las cuentas. La provisión es total y podemos aprovecharla cuando tenemos claro que el Abba Padre es nuestro proveedor. Lo buscamos para que nos sostenga, nos guíe y nos provea. En verdad, no hay un ejemplo más claro de esto que el plan original de Dios para el hombre. Cuando creó a Adán y Eva, la descripción general del trabajo que ellos debían hacer era simplemente tener comunión con él.

"Y Jehová Dios plantó un huerto en Edén, al oriente; y puso allí al hombre que había formado. Y Jehová Dios hizo nacer de la tierra todo árbol delicioso a la vista, y bueno para comer; también el árbol de vida en medio del huerto, y el árbol de la ciencia del bien y del mal. Y salía de Edén un río para regar el huerto, y de allí se repartía en cuatro brazos. El nombre del uno era Pisón; este es el que rodea toda la tierra de Havila, donde hay oro; y el oro de aquella tierra es bueno; hay allí también bedelio y ónice. El nombre del segundo río es Gihón; este es el que rodea toda la tierra de Cus. Y el nombre del tercer río es Hidekel; este es el que va al oriente de Asiria. Y el cuarto río es el Éufrates. Tomó, pues, Jehová Dios al hombre, y lo puso en el huerto de Edén, para que lo labrara y lo guardase".

—Génesis 2:8–15

Dios colocó al hombre en un jardín que creó como un lugar hermoso para él. Él deseaba tener comunión con su creación. Al jardín lo regaba un río que se dividía en cuatro ríos más. Dios hizo todo lo posible para cuidar al hombre, proveyéndole un lugar hermoso y lleno de abundancia.

La palabra trabajo comenzó a ser parte del vocabulario del hombre después de la caída (cuando Adán y Eva desobedecieron a Dios y rompieron el pacto). El trabajo fue el resultado de su desobediencia.

> "Al hombre le dijo: Por cuanto le hiciste caso a tu mujer, y comiste del árbol del que te prohibí comer, ¡maldita será la tierra por tu culpa! Con penosos trabajos comerás de ella todos los días de tu vida".
>
> —Génesis 3:17, NVI

El trabajo duro vino como resultado de la desobediencia del hombre, lo cual representó una brecha en la relación con el Padre. Pero fuimos restaurados a un estado de relación, gracia y provisión abundante. El espíritu religioso, sin embargo, quiere bloquear esta verdad sobre Dios y la bondad que muestra hacia nosotros. Quiere inculcarnos rechazo y confianza en nosotros mismos. El espíritu de estos tiempos quiere que creamos que debemos cuidarnos a nosotros mismos y que Dios no tiene nada que proveernos.

Ahora, no me malinterprete. ¡Tengo una sólida ética hacia el trabajo, la motivación y la sabiduría! Dios enseña estos valores a través de su Palabra. Una y otra vez, Él comunica las recompensas de la diligencia y la mayordomía fiel. También nos da sabiduría sobre la siembra y la cosecha y la importancia de nuestras acciones y decisiones.

En el centro de mi relación debe estar la verdad de que Dios es bueno y que su deseo es bendecirme. Esto es lo que debe enmarcar mis decisiones y opiniones. Esta verdad nos permite descansar como un hijo que tiene la seguridad que su Padre lo tiene todo planeado. La vívida luz de esta verdad me da las fuerzas necesarias para vencer el miedo y elevarme en la fe. Capacita nuestro corazón para elevarse sobre aquello que soñamos

y creemos. Hace que mi mente esté en paz, con la seguridad de que las
habilidades y planes de Dios son mucho mayores que los míos.

> "Bueno eres tú, y bienhechor;
>   enséñame tus estatutos".
>
> —Salmo 119:68

No solo Dios es bueno, sino que todo lo que hace es bueno. Su naturaleza contiene bondad sin igual.

> "Alabad a Jehová, porque Él es bueno; porque para siempre es
>   su misericordia".
>
> —Salmo 107:1

¡Su bondad es eterna y no se desvanece! Él es misericordioso y bonda-
doso con sus hijos.

> "Bueno es Jehová para con todos, y sus misericordias sobre
>   todas sus obras".
>
> —Salmo 145:9

¡Dios es bueno con todos! Su bondad tiene la intención de tocar cada
vida. Su misericordia, ternura y amor son para todos los que las reciban.
Él desea mostrarnos su amor.

La bondad de Dios produce en los hombres a un cambio duradero. La
bondad de Dios actúa como un catalizador de la transformación y revela
la naturaleza de Jesús y el poder de su Espíritu.

> "¿O menosprecias las riquezas de su benignidad, paciencia
>   y longanimidad, ignorando que su benignidad te guía al
>   arrepentimiento?".
>
> —Romanos 2:4

¡Él tiene bondad guardada para nosotros! Cuanto más vivamos, mayor será la oportunidad de descubrir su buena naturaleza, sus buenos planes y sus buenos pensamientos hacia nosotros. Mientras caminamos con Él, nos atrevemos a sumergirnos en su bondad con la exuberancia y tierna fe infantil que se necesita para recibir su corazón.

> "¡Cuán grande es tu bondad, que has guardado para los que te temen, que has mostrado a los que esperan en ti, delante de los hijos de los hombres!".
>
> —Salmo 31:19

Una vez que comprendemos el amor del Padre y su valor, podemos creer en su favor. Podemos recibir su generosa bondad y su amor transformador.

> "Porque sol y escudo es Jehová Dios; gracia y gloria dará Jehová. No quitará el bien a los que andan en integridad".
>
> —Salmo 84:11

Dios no negará su favor a los que le sirven. Su favor es una manifestación de su bondad. Un creyente que no acepta la realidad de la bondad de Dios se paraliza en este aspecto de la vida cristiana. Simplemente no puede acceder al favor de Dios. Las mentiras y la mentalidad religiosa lo bloquean.

Muchos se quedan atrapados en un nivel funcional del Reino que está muy por debajo del destino que Dios tiene para ellos. Creen que Dios es poderoso, pero tienen problemas con la forma en que creen que Él los ve. Saben que Dios puede usar a cualquiera y que puede tomar a un don nadie y convertirlo en alguien. Saben que Dios puede hacer brillar su favor y abrir puertas maravillosas. Aceptan esas verdades, pero no creen que Dios lo puede hacer por ellos.

Me imagino que todo hombre o mujer que ha sido fantásticamente bendecido por Dios ha tenido que lidiar con este problema. Ha habido ocasiones en mi vida en que he tenido que parar y sumergirme en el conocimiento de la bondad y el amor de Dios para poder entender completamente aquello que Dios me había hablado.

La visión del cielo para sus hijos no tiene limitaciones. Uno de los ejemplos más vívidos de la abundancia de Dios es la visión de Juan en Apocalipsis 21. Las calles que vio en la Nueva Jerusalén estaban hechas de oro transparente. Vio gemas inmensas y valiosas. ¡Dios no escatimó gastos en su plan de construcción!

> "El material de su muro era de jaspe; pero la ciudad era de oro puro, semejante al vidrio limpio; y los cimientos del muro de la ciudad estaban adornados con toda piedra preciosa. El primer cimiento era jaspe; el segundo, zafiro; el tercero, ágata; el cuarto, esmeralda; el quinto, ónice; el sexto, cornalina; el séptimo, crisólito; el octavo, berilo; el noveno, topacio; el décimo, crisopraso; el undécimo, jacinto; el duodécimo, amatista. Las doce puertas eran doce perlas; cada una de las puertas era una perla. Y la calle de la ciudad era de oro puro, transparente como vidrio".
> —Apocalipsis 21:18–21

Dios también concede a su pueblo favor con los hombres. Él hace que la gente indicada, en las posiciones correctas, nos quieran. Él hace que los que tienen la llave para que avancemos a nuestro siguiente nivel nos den acceso. Esto no se basa en obras, sino de su bondad y su gloria en nuestra vida.

El favor de Dios logra que lo que normalmente toma años, ocurra de la noche a la mañana. Hace unos, años Dios me impulsó a crear un programa de televisión. Estaba emocionado, pero simplemente no tenía los recursos que necesitaba. Uno de los elementos que me faltaba era el personal de producción. Necesitaba gente capacitada para ayudarme a despegar.

Me topé con un hombre que era dueño de una compañía de televisión y producía para un importante canal de cable. Me acerqué a él y le pregunté por sus servicios y su equipo calificado. Desafortunadamente, su precio estaba muy por encima de mi presupuesto en ese momento. Pero cuando oré al respecto, Dios me concedió su favor. El hombre me dijo que no sabía por qué, pero que sentía que debía ayudarme. Aún recuerdo cuando le comuniqué al equipo que yo hablaba en lenguas, echaba demonios y profetizaba. Quería que tuvieran claro todo lo que presenciarían durante las grabaciones.

Todos ellos fueron una tremenda bendición para mi vida durante esa temporada y me ayudaron a cumplir un gran sueño. Fue una manifestación del favor de Dios en mi vida. Dios me llevó mucho más allá de mis limitaciones financieras en ese momento.

En la mayoría de los casos, el favor de Dios es mucho más valioso que el dinero, ya que logra cosas que el dinero no puede comprar. En esta situación particular, terminé ministrando al dueño de esta compañía y lo pasé de maravilla. Dios me puso en su vida por una causa. El favor de Dios nos conecta con las personas adecuadas en el momento preciso.

Cada vez que Dios nos da una visión o sueño aparentemente imposible, su favor para con nosotros será su arma preferida. Él nos hará entrar en favor con las personas necesarias, en el momento exacto en que lo necesitamos. Nunca escuchemos la voz del adversario presagiando nuestro fracaso. El favor de Dios abortará sus mentiras.

EL FAVOR DE DIOS LIBERA SOLUCIONES

"Mientras tanto, el niño Samuel crecía en estatura física y en el favor del Señor y en el de toda la gente".
—1 Samuel 2:26, NTV

Samuel fue llamado a cambiar el curso de la historia. Dios lo levantó en el momento elegido. El telón de fondo era un vacío de ministerio profético y de revelación. Era un momento en que la palabra del Señor era difícil de encontrar en la tierra.

"El joven Samuel ministraba a Jehová en presencia de Elí; y la palabra de Jehová escaseaba en aquellos días; no había visión con frecuencia".
—1 Samuel 3:1

Como ocurre con la mayoría de los reformadores, Samuel nació en un momento difícil y oportuno. Fue la respuesta a un problema existente, tal como en el caso de Jocabed y Moisés. La unción de Jocabed llega para enfrentar el desafío del día. Da a luz la liberación.

Samuel nació en la tierra con un tremendo potencial profético. Su madre, Ana, dio una dura batalla solo para concebirlo. Esto también se asemeja a Jocabed y el ataque a Moisés. ¡Y Ana se negó a rendirse! Ella no solo luchó por concebir, sino también por dar a luz a un general profético encargado de construir y establecer una cultura profética en la tierra. Las mayores semillas son las que enfrentan los niveles de guerra más desafiantes. Es por eso que es vital estar preparados para mantenernos de pie, vencer y prevalecer.

Observe las dos dimensiones que obraron en la vida de Samuel cuando Dios lo preparó para esta tarea. Él estaba creciendo en el favor de Dios y de la gente. Necesitaba que Dios lo favoreciera para que su presencia y su poder fueran abundantes. Como constructor profético, necesitaba la sabiduría de Dios para revelar planes y estrategias.

Samuel también necesitaba tener el favor de la gente. Él continuaría estableciendo escuelas proféticas. Necesitaba lugares para hospedarlos, así como equipos y líderes. Necesitaba alumnos, hijos e hijas. ¡Dios concedería estas cosas en sus manos a modo de favor!

El favor de Dios es un misterio para muchos porque, cuando llega, produce una rápida aceleración. No hay manera de cumplir el plan de Dios para nuestra vida sin su favor. El favor de Dios no se puede comprar o ganar. El favor de Dios no se puede fabricar o crear. La fuerza del favor divino está bajo el control del cielo. ¡Lo que podemos hacer es acceder a ese favor! El favor de Dios es accesible a través de la revelación.

LA ADORACIÓN ATRAE EL FAVOR DE DIOS

¡Uno de los primeros pasos para recibir el favor de Dios es la adoración! La adoración atrae la presencia de Dios, y donde está su presencia, hay favor. El verdadero significado de la adoración es rendición. Un hombre o una mujer rendidos levantan sus manos, levantan la voz, hacen reverencias y no temen parecer tontos.

A los amantes radicales no les importa si nadie los entiende. No se avergüenzan de expresar su amor. La adoración es una herramienta de expresión. La adoración libera una sincera adoración al Padre.

La adoración expresa gratitud y agradecimiento. Comenzar una buena sesión de adoración es fácil: simplemente, debemos pensar en algo bueno que Dios ha hecho y agradecerle en el momento. Esto comenzará un encuentro de adoración por todo lo alto.

> "Así que, ofrezcamos siempre a Dios, por medio de Él, sacrificio de alabanza, es decir, fruto de labios que confiesan su nombre".
> —Hebreos 13:15

¡La adoración desata el favor de Dios! Cuando un hombre o una mujer decide vivir en la presencia de Dios y hacer de la entrega diaria una prioridad, desbloquea el favor divino. Al leer la historia de David, me convenzo que este era uno de sus secretos más importantes. Él era un hombre con muchos defectos en muchos aspectos, pero disfrutaba de un progreso y una protección milagrosos.

¡A David le encantaba adorar! Encontraba sanidad, seguridad y plenitud en la adoración. Se refugió en el lugar secreto. Una y otra vez se refugiaba en la presencia de Dios. De hecho, a David le gustaba tanto adorar, que Dios lo veía como un hombre conforme a su propio corazón.

> "Quitado este, les levantó por rey a David, de quien dio también testimonio diciendo: He hallado a David hijo de Isaí, varón conforme a mi corazón, quien hará todo lo que yo quiero".
> —Hechos 13:22

Después de la desobediencia de Saúl, Dios designó a David para que dirigiera a Israel. Vio cualidades en David que reflejaban su voluntad y naturaleza. Creo que la adoración fue crucial en esto.

Cuando adoramos a Dios y nos allegamos a su presencia, nos saturamos con su gloria. Reflejamos la naturaleza del Padre cuando nos transformamos en su presencia. David era humilde y perdonador gracias a la presencia de Dios. David era sensible para con el pueblo de Dios.

¡No podemos juntarnos con Jesús y no llegar a ser como Él! Una y otra vez vemos cómo aquellos que eligen amigos e influencias equivocados en su vida, terminan con problemas. Mientras que cuando elegimos la presencia de Dios, somos transformamos.

David buscaba el corazón de Dios. Lo procuraba, y creo que su búsqueda atrajo el favor divino. Y si nosotros hacemos lo mismo, también atraeremos el favor de Dios en nuestra vida.

Dar libera el favor de Dios

Cuando damos a Dios y a su pueblo, atraemos el favor de Dios. Dar es un reflejo del carácter y la naturaleza de Dios. La osada ofrenda de Salomón y los regalos de Cornelio atrajeron la atención del cielo sobre sus respectivas situaciones. Sus semillas actuaron como un catalizador para la liberación de un favor inusual por parte de Dios. En el caso de Cornelio, Dios se movió en el corazón de Pedro para ministrarle. Podríamos decir que fue una manifestación del favor de Dios. La atención de Pedro se dirigió a la familia de Cornelio, en lo que sería el favor de Dios en acción.

Cuando damos desbloqueamos la cosecha, y parte de esa cosecha es la manifestación del favor de Dios y de los hombres. Cuando damos al Señor, expresamos nuestra confianza en Él y en sus planes. Nos elevamos por encima de nuestro propio entendimiento y tenemos acceso a la provisión del cielo.

Prestar atención a la instrucción y a las palabras proféticas traerá prosperidad y el favor de Dios a nuestra vida. Cuando escuchemos la voz de Dios y la dirección de su Espíritu, tendremos como resultado prosperidad.

"Creed en Jehová vuestro Dios, y estaréis seguros; creed a sus profetas, y seréis prosperados".

—2 Crónicas 20:20

Permita que el favor de Dios sea su catalizador hoy. ¡Espérelo! ¡Decrételo! ¡Tenga acceso a él! Cuando el favor de Dios aparezca para prosperarlo y bendecirlo, disfrútelo y no se disculpe por ello. *El favor de Dios es parte de su herencia.*

ORACIÓN PROFÉTICA

Padre, te agradezco por el favor poco común que recibo de ti. Decreto que tengo tu favor y el de los hombres. Adoro tu presencia, y en medio de tu presencia, tu favor se manifiesta. Gracias, Señor, porque tu favor me rodea como un escudo. Tu favor me sostiene y me hace crecer sobrenaturalmente. Le agrado a la gente adecuada. Las puertas correctas se me abren. Las oportunidades correctas se me presentan. Recibo tu favor de manera inconmensurable y sobrenatural en cada aspecto de mi vida. En el nombre de Jesús, amén.

YO DECRETO SOBRE USTED . . .

Decreto el favor milagroso de Dios en su vida. Decreto oportunidades y un crecimiento divino. Decreto que su propósito surgirá en medio del favor de Dios. Decreto que la gloria y la presencia de Dios invadirán su vida, y que el favor de Dios se manifestará. Decreto que recibirá el favor de Dios y de los hombres de manera abundante. Dios lo está guiando, lo está dirigiendo y lo está llevando a buena tierra. Dios lo está promoviendo y ubicando en el lugar correcto. Dios lo está guiando y proveyendo para usted. En el poderoso nombre de Jesús, amén.

Para reflexionar

- ¿Tengo una revelación clara de la bondad de Dios en mi vida?
- ¿He creído las mentiras del enemigo sobre la opinión que Dios tiene de mí?
- ¿He creído las mentiras del enemigo en cuanto a Dios como mi proveedor?
- ¿Qué aspectos de mi vida necesitan más del favor de Dios?
- ¿En qué aspectos de mi vida se está manifestando el favor de Dios? (Esta es una pista de su destino. Dios le da su favor para ir señalándole el camino).

Capítulo 7

EL MISTERIO DE EGIPTO

Dios usó a personas y sistemas paganos para la sobrevivencia y el surgimiento de Moisés, como respuesta de Dios a las oraciones de su madre, Jocabed. En la soberanía de Dios, Él puede elegir y usar a cualquiera para sus propósitos. En este capítulo profundizaremos en este tema.

Dios perdonó la vida de Moisés a pesar del decreto de muerte emitido por el Faraón. Se había decretado que todos los bebés varones hebreos debían ser asesinados. El espíritu de asesinato estaba invadiendo la tierra a través de las acciones demoníacas de su líder, el Faraón. En otras palabras, el Faraón estaba operando bajo el poder demoníaco, con la intención de esclavizar al pueblo de Dios.

Moisés nació como la respuesta de Dios al clamor de un pueblo oprimido. Dios lo dio a su generación como un instrumento de liberación. Esta es la razón por la que la guerra rodea el nacimiento y la vida de Moisés. El enemigo estaba haciendo todo lo posible para acabar con él, incluso antes de comenzar.

¡Pero Dios tenía otro plan! Este es uno de los misterios de la unción de Jocabed y de cómo esta se relaciona con nuestro destino. Dios puede hacer que los lugares y momentos difíciles, e incluso los planes del enemigo, se conviertan en una parte intrincada y fundamental de nuestro desarrollo.

"Vinieron también sus hermanos y se postraron delante de él, y dijeron: Henos aquí por siervos tuyos. Y les respondió José: No temáis; ¿acaso estoy yo en lugar de Dios? Vosotros pensasteis mal contra mí, mas Dios lo encaminó a bien, para hacer lo que vemos hoy, para mantener en vida a mucho pueblo. Ahora, pues, no tengáis miedo; yo os sustentaré a vosotros y a vuestros hijos. Así los consoló, y les habló al corazón. Y habitó José en Egipto, él y la casa de su padre; y vivió José ciento diez años".

—Génesis 50:18–22

Ataques duraderos

José fue otro hombre en Egipto que fue salvado por Dios con un propósito divino. Siendo joven, fue vendido como esclavo por sus hermanos. Esta traición perversa lo forzó a vivir en una tierra llena de idolatría y adivinación. Sobrevivió milagrosamente para convertirse en un líder que terminó advirtiendo al Faraón sobre el inminente desastre que se avecinaba.

Tres elementos de esta historia son paralelos a la historia de Moisés:

Primero, a pesar de la adversidad y una sucesión de circunstancias terribles, prevaleció el propósito de la vida de José. Esta historia nos inspira fuerza y aliento. Muchas veces, nos enfrentamos a terribles ataques que debemos enfrentar. Dos cosas que el enemigo siembra en nuestras mentes son el miedo y el desaliento. Él nos mentirá y nos dirá que nuestro propósito está perdido.

Muchos creyentes simplemente tiran la toalla durante este tipo de ataques; pero debemos tener una perspectiva más amplia. Ya el consumado genio creativo trazó el plan para nuestra vida. Nuestra situación actual puede parecer infranqueable, ¡pero Dios es el Maestro de los regresos! Él puede actuar a nuestro favor, si nos negamos a rendirnos.

"Jehová es mi luz y mi salvación; ¿de quién temeré? Jehová es la fortaleza de mi vida; ¿de quién he de atemorizarme? Cuando se juntaron contra mí los malignos, mis angustiadores y mis enemigos, para comer mis carnes, ellos tropezaron y cayeron. Aunque un ejército acampe contra mí, no temerá mi corazón; aunque contra mí se levante guerra, yo estaré confiado. Una cosa he demandado a Jehová, esta buscaré; que esté yo en la

casa de Jehová todos los días de mi vida, para contemplar la hermosura de Jehová, y para inquirir en su templo. Porque Él me
esconderá en su tabernáculo en el día del mal; me ocultará en
lo reservado de su morada; sobre una roca me pondrá en alto".

—Salmo 27:1–5

David fue el autor de este salmo, y él sabía de reveses, de ataques, de
temporadas en el desierto y de pruebas. Declaró de manera decidida que
no temería a sus enemigos. Él sabía que Dios había sellado el plan para
su vida y que su poder ciertamente lo preservaría, ¡y así fue!

David tenía una confianza tremenda en el Señor, a pesar de todas las
dificultades que le tocó enfrentar. Una y otra vez acudió a Dios, y el poder
de Dios lo levantó. Debemos aprender esta lección para poder seguir el
plan de nuestra vida. Es posible que estemos en el foso más profundo como
José, o en la lucha más complicada como Moisés, o en la confrontación
más aterradora con un gigante como David, pero en todos esos momentos,
los planes y pensamientos de Dios hacia nosotros son inquebrantables.

Él no ha cambiado de parecer. Su poder sigue vivo y activo hoy para
nosotros. Necesitamos pensar así, tener esta mentalidad de campeones
para llegar al otro lado de la tormenta.

En el caso de José, el poder de Dios estuvo obrando durante cada prueba negativa. Fue castigado injustamente, pero una y otra vez, se recuperó
y prosperó. Dios es realmente bueno en cuanto a la justicia y el propósito
se refiere.

"Jehová juzgará a los pueblos; júzgame, oh Jehová, conforme a
mi justicia, y conforme a mi integridad".

—Salmo 7:8

El juicio de Dios supera al del hombre. Yo he visto muchas veces a gente
hacer cosas engañosas y deshonestas. Pueden salirse con la suya durante
un breve período, pero con el tiempo, la justicia divina se manifiesta. Los
creyentes deben confiar en este principio.

"Júzgame, oh Jehová, porque yo en mi integridad he andado;
he confiado asimismo en Jehová sin titubear".

—Salmo 26:1

La justicia de Dios actuó a favor de José. Él caminó rectamente ante el Señor, así que Dios lo defendió y lo protegió. Dios usó su favor y su justicia como armas divinas en la vida de José.

Segundo, el Señor usó todos y cada uno de los giros inesperados para preparar a José para su gran propósito y su rol futuro.

"Y de igual manera el Espíritu nos ayuda en nuestra debilidad; pues qué hemos de pedir como conviene, no lo sabemos, pero el Espíritu mismo intercede por nosotros con gemidos indecibles. Mas el que escudriña los corazones sabe cuál es la intención del Espíritu, porque conforme a la voluntad de Dios intercede por los santos. Y sabemos que a los que aman a Dios, todas las cosas les ayudan a bien, esto es, a los que conforme a su propósito son llamados. Porque a los que antes conoció, también los predestinó para que fuesen hechos conformes a la imagen de su Hijo, para que Él sea el primogénito entre muchos hermanos".

—Romanos 8:26–29

Muchos predicadores citan el versículo 28 para explicar algunas situaciones trágicas o circunstancias adversas. Esto definitivamente se aplica a la vida de José, ya que demuestra la capacidad que Dios tiene para tejer un tapiz de gloria con la tela más malgastada. El pasaje en Romanos está relacionado con la oración en el espíritu. Cuando permitimos que el Espíritu Santo ore por nosotros y revele la voluntad de Dios, tenemos acceso a ámbitos de intercesión y comprensión que nos preparan para cada situación.

¡Lo que los hermanos de José hicieron como un mal, Dios lo volteó como un bien! Este es el poder del propósito en nuestras vidas. El enemigo puede lanzarnos las situaciones más horribles, y Dios seguirá encontrando la manera de usarlas para el bien. Debemos tener cuidado de no culpar a Dios por las situaciones creadas por el enemigo. El hecho de que suceda no significa que Dios lo hizo.

El enemigo tiene un mandato claro: toda destrucción y maldad vienen de él.

> "El ladrón no viene sino para hurtar y matar y destruir; yo he venido para que tengan vida, y para que la tengan en abundancia".
>
> —Juan 10:10

Nuestro Padre celestial nos da buenos regalos. Cuando sus huellas marcan nuestra vida, se revelan su gracia y su amor.

> "Todo lo que es bueno y perfecto es un regalo que desciende a nosotros de parte de Dios nuestro Padre, quien creó todas las luces de los cielos. Él nunca cambia ni varía como una sombra en movimiento".
>
> —Santiago 1:17, NTV

Tercero, Dios usó a José en medio de una tierra pagana, y usó esa tierra pagana para proveer para él. En eso consiste el misterio de Egipto. Dios usa a personas, lugares y situaciones que a nosotros nos parecerían inadecuados. Debemos estar abiertos a la posibilidad de un Egipto en la formación de nuestro destino. Lo mismo también ocurrió en la historia de Jocabed.

La unción de Jocabed nos brinda protección. La unción de Jocabed aprovecha el favor de Dios en medio de la maldad. El mismo nombre Moisés nos habla del papel que este reino pagano desempeñaría en su seguridad y desarrollo.

"Y cuando el niño creció, ella lo trajo a la hija de Faraón, la cual lo prohijó, y le puso por nombre Moisés, diciendo: Porque de las aguas lo saqué".

—Éxodo 2:10

A Moisés lo sacaron del Nilo, en un lugar conocido por su idolatría. Se libró milagrosamente del decreto de muerte y lo llevaron al sistema de Egipto, donde lo criaron. ¡Dios sabía exactamente lo que estaba haciendo!

PLANES NO CONVENCIONALES PARA UNA LIBERACIÓN FUERA DE LO COMÚN

Era un plan fuera de lo común, pero Dios lo estaba dirigiendo. Mientras escribo estas palabras, escucho al Señor decir: "Dile a mi pueblo que esté atento a mis planes fuera de lo común. Que se prepare para una liberación fuera de lo común. Que se prepare para una provisión fuera de lo común. Voy a usar personas en su recorrido que jamás pensaron que usaría. Voy a traer provisiones de fuentes inimaginables. Lo sacaré de las circunstancias adversas y lo encaminaré a su destino. Me traerá gloria. Lo usaré para revelar mi gloria en medio de lugares malvados".

Egipto, una de las civilizaciones más antiguas de la historia, se convirtió en un lugar tanto de refugio como de opresión. La cultura de Egipto estaba dominada por dioses falsos y un simbolismo demoníaco.

"Hubo entonces hambre en la tierra, y descendió Abram a Egipto para morar allá; porque era grande el hambre en la tierra".

—Génesis 12:10

Misteriosamente, Dios usó esta tierra pagana como un lugar de refugio en la vida de varias de las figuras más prominentes del Antiguo Testamento. Abraham (en ese momento Abram), por ejemplo, partió a Egipto en un momento de hambruna. Sin embargo, su riqueza aumentó en la tierra de Egipto, y aprendió las tecnologías más avanzadas del momento por parte de los egipcios, que eran expertos en el arte de la excavación de pozos y la irrigación. Dios usó a impíos y un lugar impío para bendecir, proteger y enriquecer la vida del padre de la fe.

"Subió, pues, Abram de Egipto hacia el Neguev, él y su mujer, con todo lo que tenía, y con él Lot. Y Abram era riquísimo en ganado, en plata y en oro. Y volvió por sus jornadas desde el Neguev hacia Bet-el, hasta el lugar donde había estado antes su tienda entre Bet-el y Hai, al lugar del altar que había hecho allí antes; e invocó allí Abram el nombre de Jehová".

—Génesis 13:1–4

Este pasaje nos da importantes pistas del misterio de Egipto en la vida de un personaje que transformó el mundo. Dirigido por Dios, Abraham fue a un lugar impío. Aunque llegó a un lugar dirigido por impíos, Dios actuó en su vida. Creo que Dios está llamando a muchas personas para que nos bendigan y nos ayuden en nuestro desarrollo: personas que pueden no temer o conocer a nuestro Dios, pero que tienen la asignación de ser parte de nuestra historia. No se sorprenda entonces si Dios invita a personas que no lo sirven a que lo bendigan o contribuyan al propósito de su vida.

Muchos se están preparando para entrar en diferentes campos laborales: en el gobierno, el entretenimiento, la educación, la política, los medios de comunicación y otros lugares de la sociedad y obtener resultados para el Reino. Deben saber cómo lidiar con Egipto. Deben entender que fueron llamados a ser embajadores del Reino en Egipto. Egipto no los definirá a ellos; ellos redefinirán a Egipto.

Abraham mintió y creó un desastre en Egipto. Este era uno de sus defectos de carácter y una maldición que reaparecería en su linaje familiar. Pero incluso cuando la estropeó, Dios obró poderosamente y preservó a su esposa y su familia.

¡Abraham disfrutó de abundancia en un lugar perverso! Prosperó en un lugar donde los habitantes eran impíos. ¡Y allí construyó un altar! Esto tiene un profundo significado profético. Abraham llevó el lugar de adoración y presencia con él. No estaba en Egipto para permitir que ellos definieran su código moral, ¡estaba en Egipto en una misión! Egipto tenía un papel que desempeñar en su historia, pero él seguía vendido a Jehová. Y esto es lo que marca la diferencia. Estamos llamados a llevar la presencia de Dios a todas partes y a ejercer influencia para el Reino. Estamos llamados a ser expresiones vivas del Reino de Dios. No estamos llamados a aprender los caminos de aquellos que no temen ni adoran a Dios.

La lección que debemos aprender de las vidas de Jocabed, Moisés y las otras figuras a las que nos hemos referido es la extraña capacidad que Dios tiene de usar a personas, lugares y fuentes inverosímiles para el desarrollo, financiamiento y despegue de nuestro destino. Nunca descartemos la posibilidad de que Dios pueda usar a alguien que nosotros jamás elegiríamos. Él puede poner su mano sobre cualquiera y hacer que nos bendiga. Debemos ser obedientes y seguir sus instrucciones sin importar a dónde nos lleve.

ORACIÓN PROFÉTICA

Señor, acepto el desarrollo inusual y fuera de lo común de mi destino. No tendré miedo de lugares y personas inesperadas en mi vida. Confío en ti y elijo seguir tu dirección a cada paso del camino. Te agradezco porque dispones todas las cosas para mi bien. Te agradezco porque desactivas cada trampa y maquinación del enemigo. Te agradezco porque haces que hombres y mujeres bendigan mi vida y siembren en mi destino. En el nombre de Jesús, amén.

YO DECRETO SOBRE USTED...

Decreto dirección y provisión sobrenatural en su vida. Declaro lugares de refugio y desarrollo. Decreto que Dios causará que muchos siembren en su avance y crecimiento. Decreto que llegarán benefactores inusuales a su vida. Decreto que contará con garantes. Decreto avance e impulso para usted. En el nombre de Jesús, amén.

PARA REFLEXIONAR

- ¿Está Dios llevándome a personas o lugares fuera de lo común?
- ¿Está Dios llamándome a ser un embajador del Reino en medio de un lugar aparentemente malvado?
- ¿Estoy abierto a que Dios me lleve a lugares fuera de lo común?
- ¿Soy consciente y estoy al tanto de la oportunidad de representar y reflejar el Reino dondequiera que vaya?

- ¿Soy capaz de moverme en ambientes impíos de la sociedad manteniendo mi moral intacta?
- ¿Tengo una firme convicción de los valores bíblicos y la vida?
- ¿Estoy abierto a lo poco común y a lo inusual?

Capítulo 8

EL MISTERIO DE LA GLORIA

MOISÉS ES UNO de los portadores de una gloria excepcional en la Biblia. Dios manifestó su gloria en la obra de liberación que nació a través de Jocabed. En este capítulo exploraremos la belleza, la majestad y los misterios de la gloria de Dios y aprenderemos por qué la gloria de Dios es esencial para alcanzar nuestro destino sobrenatural.

Jamás olvidaré una noche que pasé en la gloria de Dios que me marcó para siempre. Antes de compartir esta historia con usted, permítame comenzar diciendo que en la gloria de Dios suceden cosas extraordinarias y fuera de lo común. Esa noche en particular, hubo una manifestación tangible de la gloria de Dios en una reunión de avivamiento en la que yo estaba ministrando. No se trataba de reuniones habituales. Eran unas reuniones no planificadas y extensas, que nacieron como respuesta a una sed inusual en la gente en la que se manifestaba la gloria de Dios.

Yo estaba en la plataforma con otros pastores cuando se manifestó la presencia de Dios. Teníamos dificultades para pararnos y movernos. Era como si estábamos en otro ámbito, ¡y lo estábamos! De repente, vi algo que puedo describir como el "relámpago de Dios". Su gloria y su poder sanador estaban allí. De hecho, era tangible en un área exacta del escenario.

A medida que aumentaba la gloria, pedí que se acercaran los sordos. Algo me dijo que Dios quería abrir los oídos de los sordos esa noche. Tan pronto como llegaron y se ubicaron en esa área del escenario, sus oídos comenzaron a abrirse con facilidad. No hubo esfuerzo. ¡La gloria de Dios lo estaba haciendo! La gloria se manifestó y ocurrieron milagros.

Aparte del hecho de que se estaban produciendo curaciones tan fácilmente, también noté la forma inusual en que se sentía estar en un lugar determinado. ¡Era como si una pequeña burbuja del cielo se había abierto! Ahora, antes de que usted empiece a corregirme teológicamente en cuanto a esto, déjame decirle que entiendo perfectamente el hecho de que nosotros llevamos el Reino en nosotros, y que la gloria de Dios está disponible en todas partes. Creo, sin embargo, que hay algunos ejemplos en el Nuevo Testamento en el que la gloria de Dios se manifestó en lugares particulares.

> "Y hacía Dios milagros extraordinarios por mano de Pablo,
> de tal manera que aun se llevaban a los enfermos los paños o
> delantales de su cuerpo, y las enfermedades se iban de ellos,
> y los espíritus malos salían".
> —Hechos 19:11–12

Pablo había captado tanto la revelación como lo tangible del Reino. Si los enfermos se acercaban donde él estaba, podían ingresar a la gloria manifiesta que llevaba. ¡Era fácil curarse! Cuando la gloria de Dios se manifiesta, es muy fácil sanarse. Aquellos que no pudieron asistir a las reuniones, pidieron ropa que había estado en contacto con el cuerpo físico de Pablo. Querían un pedazo de algo que había estado en esa atmósfera y, así, tener contacto con la gloria.

PORTADORES DE LA GLORIA

> "Pero tenemos este tesoro en vasos de barro, para que la excelencia del poder sea de Dios, y no de nosotros".
> —2 Corintios 4:7

Como creyentes del Nuevo Testamento, el Reino ha sido totalmente dedicado y establecido en nosotros. Somos portadores de la gloria, el poder y la autoridad gubernamental, así como del poder del cielo. Cuando aparecemos, el poder, la gloria y la autoridad aparecen. Los demonios no tienen más remedio que huir.

Necesitamos aprender a maximizar la gloria. Necesitamos aprender a buscarla. Debemos preparar el terreno para ello en nuestra vida personal y en nuestras reuniones. Recuerdo cuando un pastor que conozco comenzó a decir que Dios le habló sobre reuniones de gloria. Profetizó que tendríamos reuniones de gloria en las que el Cuerpo de Cristo experimentaría la gloria de Dios de maneras poco comunes. Cuando la iglesia se reúne y experimenta el ámbito de la gloria de Dios, pasan cosas.

> "Cuando descubras cosas que parecen contribuir a la gloria, síguelas haciendo; y cuando encuentres cosas que parecen disminuir la gloria, deja de hacerlas. Es tan simple como eso".[1]
>
> —Ruth Ward Heflin

El consejo es simple: Si quieres la gloria de Dios, busca cómo se manifiesta y vívelo. Vive en la zona de la gloria. Vive en el lugar que agrada a Dios. Descubre lo que trae la gloria y maximízalo. Averigua qué agrada a Dios, y hazlo. Averigua qué no le gusta a Dios y evítalo. Estos son principios básicos, pero de profunda sabiduría.

Es imposible hablar de Jocabed sin profundizar en el misterio de la gloria. La unción de Jocabed da a luz la gloria y la liberación de Dios. En medio de la gloria, la esclavitud se desvanece, los yugos se deshacen y las enfermedades se curan.

Luego de que Moisés, el gran portador de la gloria, arrancó prematuramente y terminó huyendo, un encuentro con la gloria de Dios lo devolvió a su propósito.

> "Apacentando Moisés las ovejas de Jetro su suegro, sacerdote de Madián, llevó las ovejas a través del desierto, y llegó hasta Horeb, monte de Dios. Y se le apareció el ángel de Jehová en una llama de fuego en medio de una zarza; y él miró, y vio que la zarza ardía en fuego, y la zarza no se consumía. Entonces Moisés dijo: Iré yo ahora y veré esta grande visión, por qué causa la zarza no se quema. Viendo Jehová que él iba a ver, lo

llamó Dios de en medio de la zarza, y dijo: ¡Moisés, Moisés!
Y él respondió: Heme aquí".

—Éxodo 3:1–4

La voz venía de en medio de la llama. La voz de Dios reside en su gloria. El fuego y la gloria albergaban la voz de Dios e hicieron que Moisés dejara su antigua vida de refugio para elevarse en la unción de libertador.

La gloria nos marca para siempre. No podemos entrar en contacto con la gloria de Dios y seguir siendo los mismos. Muchas veces, en nuestra mente humana limitada, definimos la gloria de Dios como una sola dimensión de su presencia, pero la gloria es mucho más que eso. Me he encontrado con personas que piensan que la gloria de Dios es solo una voz pequeña y silenciosa; un momento de paz, o un golpe celestial que nos deja tirados en el suelo. Si bien todo eso puede suceder en presencia de la gloria divina, esta puede asumir muchas otras formas. La gloria puede aparecer con un trueno o como una poderosa manifestación de la voz de Jehová. Incluso, puede aparecer como un fuego ardiente. No podemos limitar el flujo o el alcance de la gloria.

"Alcé después mis ojos y miré, y he aquí un varón que tenía en su mano un cordel de medir. Y le dije: ¿A dónde vas? Y él me respondió: A medir a Jerusalén, para ver cuánta es su anchura, y cuánta su longitud. Y he aquí, salía aquel ángel que hablaba conmigo, y otro ángel le salió al encuentro, y le dijo: Corre, habla a este joven, diciendo: Sin muros será habitada Jerusalén, a causa de la multitud de hombres y de ganado en medio de ella. Yo seré para ella, dice Jehová, muro de fuego en derredor, y para gloria estaré en medio de ella".

—Zacarías 2:1–5

El Señor estaba lidiando con su pueblo y con la ciudad de Jerusalén. Dijo que rodearía la ciudad con fuego y con su gloria. El fuego y la gloria van juntos. El fuego quema la impureza y produce los propósitos de Dios. Enciende la pasión por su presencia y niega los deseos de la carne.

LOS ÁNGELES Y LA GLORIA

Dondequiera que está la gloria de Dios, ¡hay ángeles presentes! El ángel en el pasaje de Zacarías estaba ayudando a administrar los planes y propósitos de Dios. Encontraremos la intervención, aparición y protección angelical a medida que nos adentramos la gloria de Dios. Dios asigna ángeles a los siervos de Jehová. No debemos dejarnos fascinar por los ángeles, al punto de confundir su posición o su rango, pero sí debemos aprender a trabajar con ellos. Hay ángeles asignados a personas, territorios y mandatos.

> "Jehová dijo a Moisés: Anda, sube de aquí, tú y el pueblo que sacaste de la tierra de Egipto, a la tierra de la cual juré a Abraham, Isaac y Jacob, diciendo: A tu descendencia la daré; y yo enviaré delante de ti el ángel, y echaré fuera al cananeo y al amorreo, al heteo, al ferezeo, al heveo y al jebuseo (a la tierra que fluye leche y miel); pero yo no subiré en medio de ti, porque eres pueblo de dura cerviz, no sea que te consuma en el camino".
>
> —Éxodo 33:1–3

El Señor le dijo a Moisés que a medida que él avanzara, un ángel guerrero despejaría la tierra. Ejércitos angelicales fueron asignados al pueblo de Dios, con la tarea de hacer cumplir los mandatos y planes celestiales, y ayudar a que se cumpliera la voluntad del cielo. Son los agentes sobrenaturales de Dios para hacer cumplir sus edictos.

LA INTIMIDAD TRAE LA GLORIA DE DIOS

"Y Moisés tomó el tabernáculo, y lo levantó lejos, fuera del campamento, y lo llamó el Tabernáculo de Reunión. Y cualquiera que buscaba a Jehová, salía al tabernáculo de reunión que estaba fuera del campamento. Y sucedía que cuando salía Moisés al tabernáculo, todo el pueblo se levantaba, y cada cual estaba en pie a la puerta de su tienda, y miraban en pos de Moisés, hasta que él entraba en el tabernáculo. Cuando Moisés entraba en el tabernáculo, la columna de nube descendía y se ponía a la puerta del tabernáculo, y Jehová hablaba con Moisés. Y viendo todo el pueblo la columna de nube que estaba a la puerta del tabernáculo, se levantaba cada uno a la puerta de su tienda y adoraba. Y hablaba Jehová a Moisés cara a cara, como habla cualquiera a su compañero. Y él volvía al campamento; pero el joven Josué hijo de Nun, su servidor, nunca se apartaba de en medio del tabernáculo".

—Éxodo 33:7–11

Dios hablaba con Moisés cara a cara. No había separación entre la amistad de Moisés con Dios y la tarea que Dios le había encomendado. He aquí uno de los secretos. Con demasiada frecuencia separamos nuestro mandato y nuestra relación con Dios. Nos concentramos en el qué, el dónde y el cómo, pero nos olvidamos del quién. La verdadera búsqueda del cristiano consiste en conocer al Rey. Trabajar para el Reino sin conocer de manera íntima al Rey es corrupción espiritual.

El Rey diariamente procura ganarse nuestro corazón y afecto, y Él espera que le prestemos atención. La relación de amor fluye del corazón redimido, no de la rutina de trabajar y esforzarnos.

Resulta muy difícil describir adecuadamente la gloria de Dios con nuestro entendimiento y palabras humanas limitadas, pero podría decir que la gloria de Dios es "la proximidad a Él y a su presencia". A mi juicio, la gloria de Dios solo se experimenta de una manera cercana, honesta y cruda.

No podemos ser refinados en la gloria. No podemos ser profesionales en la gloria. Solo necesitamos llegar con ternura, disponibilidad y anhelo. El corazón anhelante es satisfecho en la gloria. El corazón anhelante jadea como el venado por el agua. El corazón anhelante sintoniza y escucha la voz del Maestro. El corazón anhelante no hace un ritual de la oración, el ayuno o la búsqueda de Dios, sino que los convierte en actos espontáneos de su estilo de vida. La búsqueda puede tener tiempos y propósitos que cumplir, pero amparar la presencia de Dios se convierte en una extensión natural del corazón anhelante.

Moisés fue enviado como líder lleno de la gloria de Dios. ¿Qué pasaría si nuestros pastores llevaran un corazón apasionado lleno de la gloria de Dios? ¿Cómo serían nuestras iglesias si recibieran esa gloria? ¿Cómo serían nuestras ciudades si se inclinaran bajo el peso de su gloria? ¿Cómo sería nuestra nación si los portadores de la gloria de Dios anunciaran al Rey en toda su gloria? Oro para que una generación llena de gloria surja en este momento.

> "Y dijo Moisés a Jehová: Mira, tú me dices a mí: Saca este pueblo; y tú no me has declarado a quién enviarás conmigo. Sin embargo, tú dices: Yo te he conocido por tu nombre, y has hallado también gracia en mis ojos. Ahora, pues, si he hallado gracia en tus ojos, te ruego que me muestres ahora tu camino, para que te conozca, y halle gracia en tus ojos; y mira que esta gente es pueblo tuyo. Y Él dijo: Mi presencia irá contigo, y te daré descanso".
>
> —Éxodo 33:12–14

¡Dios le dijo a Moisés que Él iría con él! Dondequiera que encontramos la gloria, encontramos a Dios mismo; y Él quiere acompañarnos en todas nuestras asignaciones. Moisés procuraba la presencia del Padre, y sabemos que quienes buscan a Dios llevan el peso de su gloria.

Dios dijo que su presencia estaría con Moisés y que Él le daría descanso. Cuando actuamos en el ámbito de la gloria, ni nos agotamos ni nos frustramos. La frustración aparece cuando intentamos cumplir los mandatos celestiales por medio del brazo de la carne. Cuando permanecemos donde está la gloria de Dios, y su presencia está con nosotros, hay renovación y gozo, fuerza y paz, protección y provisión.

"Él entonces dijo: Te ruego que me muestres tu gloria. Y le
respondió: Yo haré pasar todo mi bien delante de tu rostro, y
proclamaré el nombre de Jehová delante de ti; y tendré misericordia del que tendré misericordia, y seré clemente para con
el que seré clemente".

—Éxodo 33:18–19

La petición de Moisés no era poca cosa: ¡Quería ver la gloria de Dios!
Él no se conformaba con hablarle a la gente sobre el poder y la liberación
de Dios; sino que quería ver y experimentar la gloria de Dios. La búsqueda
de la gloria de Dios hace que esta se manifieste en nuestra vida.

Dios dijo que haría pasar todo su bien de Moisés. Dios es un Dios bueno. La bondad y la compasión son parte de su naturaleza. No es posible
estar cerca de la gloria de Dios sin experimentar su bondad.

LA GLORIA TRAE CRECIMIENTO

De en medio de la gloria brota crecimiento. Este es uno de los aspectos
intrigantes de la gloria de Dios. La gente se levanta cuando está en medio
de la gloria. Propósitos surgen de en medio de la gloria. Desarrollo y
expansión brotan de en medio de la gloria.

"Levántate, resplandece; porque ha venido tu luz, y la gloria de
Jehová ha nacido sobre ti".

—Isaías 60:1

No es posible permanecer en la gloria de Dios sin crecer, porque la gloria
produce crecimiento. El favor de Dios se desata en el ámbito de la gloria.
Podemos esperar desarrollo si nos acercamos a la gloria de Dios. Podemos esperar soluciones y respuestas si la gloria de Dios aparece en nuestra
vida. Dios no tiene límites. Sus pensamientos son expansivos, y sus planes,
megaplanes. Cuando entramos al ámbito de la gloria, abandonamos las
limitaciones humanas y entramos en la dimensión del crecimiento divino.

La palabra hebrea para gloria es *kabod*, que significa pesadez o peso. Esta definición está íntimamente ligada a la prosperidad bíblica. El oro y la plata se pesan para determinar su valor, y están conectados al reino de la gloria.

> "Y haré temblar a todas las naciones, y vendrá el Deseado de todas las naciones; y llenaré de gloria esta casa, ha dicho Jehová de los ejércitos. Mía es la plata, y mío es el oro, dice Jehová de los ejércitos.
> La gloria postrera de esta casa será mayor que la primera, ha dicho Jehová de los ejércitos; y daré paz en este lugar, dice Jehová de los ejércitos".
>
> —Hageo 2:7–9

COBERTORES DE GLORIA

> "Entonces el Señor creará una nube de humo durante el día y un resplandor de fuego llameante durante la noche, sobre el monte Sión y sobre los que allí se reúnan. Por sobre toda la gloria habrá un toldo".
>
> —Isaías 4:5, NVI

Hay un ámbito de gran gloria que es como un toldo, y que actúa como una cubierta protectora sobre el pueblo de Dios. Este toldo de gloria puede cubrir regiones enteras y ministerios. Bajo él, los ataques del infierno se frustran y recibimos una protección inusual.

Cuando Moisés recibió la ley de Dios, tuvo un encuentro con la gloria. La gloria de Dios lo cubrió y lo levantó en la nube de la presencia divina. Desde ese lugar, recibió la revelación para esa dispensación. Me pregunto cuántas revelaciones perdemos constantemente porque no vivimos más enfocados intencionalmente en la gloria. Permanecer en la gloria es una estrategia de liberación efectiva. ¡Permanecemos protegidos y amparados bajo la nube!

Otra palabra asociada con la gloria es *shejiná*, que significa "residir" o "quien reside".[2] La gloria *shejiná* de Dios se asocia con la manifestación tangible de la gloria de Dios. Es la brillantez y el resplandor que llega en medio del pueblo de Dios. Es la permanencia de la nube de su presencia. Cuando la *shejiná* aparece, ¡la radiante presencia de Dios está sobre nosotros!

Chayil es una palabra hebrea que a menudo se asocia con la gloria de Dios. Significa poder, riqueza y fuerza. La gloria trae consigo *chayil*.

> "Con la ayuda de Dios, haremos cosas poderosas, pues Él pisoteará a nuestros enemigos".
>
> —Salmo 108:13, NTV

En este versículo la palabra *poderosas* es la palabra *chayil*. ¡Dios nos fortalece y nos da la victoria! Cuando Moisés dirigió a los hijos de Israel, experimentaron el *kabod* de Dios (el peso de su gloria), la *shejiná* de Dios (el brillo de su gloria) y el *chayil* de Dios (su poder y su fuerza). Dios ungió a Moisés en medio de su gloria. Dios preparó a Moisés en medio de su gloria.

El pueblo de Israel fue dirigido por la nube y la columna de fuego. Fue fortalecido y dirigido sobrenaturalmente. Esta es una representación de cómo Dios nos prepara para el destino de nuestra vida. Salieron de la esclavitud sanados y crecieron y prosperaron. ¡El *chayil* apareció en sus vidas, y Dios trastornó los planes del infierno!

ORACIÓN PROFÉTICA

Gracias, Señor, por la presencia de tu gloria en mi vida. Clamo a ti por tu gloria. Te agradezco por tu resplandor en mi vida. Te agradezco por tu brillo en mi vida. Te agradezco, Señor, por tu poder en mi vida. Te agradezco, Señor, por el fuego y la gloria que rodea cada aspecto de mi vida. Ruego hoy, Señor, que me muestres tu gloria. En el nombre de Jesús, amén.

YO DECRETO SOBRE USTED...

Decreto la gloria de Dios sobre su vida. Declaro que la gloria lo dirige. Declaro que el *chayil* de Dios se muestra en su vida. Declaro que la riqueza y la mejoría son suyos. Declaro que la fuerza y el favor de Dios son suyos. Declaro que hay ángeles asignados para protegerlo y ayudarlo. Decreto que usted tendrá sed de la gloria de Dios. Decreto que verá, conocerá y experimentará el brillo de Jesús. Decreto que usted es un portador de la gloria. Se mueve en la gloria de Dios. Camina en la gloria de Dios. Vive en la gloria de Dios. La gloria lo rodea. La gloria lo cubre. La gloria irradia de usted. La gloria lo guía. Usted ama la gloria de Dios y la libera dondequiera que vas. En el nombre de Jesús, amén.

PARA REFLEXIONAR

- ¿Soy sensible a las atmósferas y los ámbitos espirituales?
- ¿Pido y espero la gloria de Dios?
- ¿He permitido que el fuego de Dios me purifique?

- ¿Reconozco cuando se presenta la gloria de Dios?
- ¿Soy realmente un portador de la gloria, manifestando el cielo donde quiera que vaya?
- Debo aprender a estar abierto a las manifestaciones inusuales en la gloria.
- Necesito pasar tiempo diariamente en la presencia de Dios para conocer el ámbito de su gloria.

Capítulo 9

EL MISTERIO DE LA LIBERACIÓN
Y DE LOS LIBERTADORES

A TRAVÉS DE LAS edades, a hombres y mujeres se les han confiado misiones de liberación en la tierra. Cuando Dios decide abordar un problema en la humanidad, unge a hombres y mujeres para que se levanten y enfrenten el desafío. Esto es algo imposible de lograr con y por nuestra propia fuerza. Se necesita la intervención del poder de Dios.

> "Acontecerá en aquel tiempo que su carga será quitada de tu hombro, y su yugo de tu cerviz, y el yugo se pudrirá a causa de la unción".
>
> —Isaías 10:27

La unción es el poder y la presencia de Dios para cumplir una misión o mandato. Es el *sobre* que se añade a lo *natural*. Dios nunca manda a las personas a cumplir los propósitos del Reino sin su unción. La unción es el poder de Dios para preparar, sobresalir y cumplir. Una persona ungida puede lograr hazañas imposibles. Una persona ungida puede alcanzar la victoria donde otros han fallado. Una persona ungida puede lograr objetivos aparentemente imposibles. Una persona ungida puede derribar y arrancar sistemas demoníacos y la esclavitud.

EL PODER QUE DESTRUYE YUGOS

En Isaías se nos presenta un cuadro profético importante. La unción se describe como una fuerza que destruye yugos. Para comprender mejor esta descripción, debemos profundizar más en lo que es un yugo. Jocabed estaba destinada a dar a luz liberación. Ella también estaba criando y guiando a un libertador. Muchos libran batallas para liberar a otros en base a la unción que poseen. En este capítulo, hablaremos de la necesidad vital de liberación sobrenatural y el desafío que enfrentan todos los liberadores.

Un yugo es un instrumento que sirve para unir dos bueyes con el propósito de arar la tierra. En el sentido espiritual, se representaba como una carga y el vínculo que se tenía con esa carga. Los que están "unidos en yugo desigual" (ver 2 Co. 6:14) con un incrédulo, son aquellos que establecen pactos con los incrédulos. Han establecido un lazo que crea un daño espiritual en su vida.

Podemos estar bajo el yugo de entidades y prácticas demoníacas. El yugo representa la esclavitud.

> "Servirás, por tanto, a tus enemigos que enviare Jehová contra ti, con hambre y con sed y con desnudez, y con falta de todas las cosas; y Él pondrá yugo de hierro sobre tu cuello, hasta destruirte".
>
> —Deuteronomio 28:48

El yugo mencionado aquí es el resultado de la desobediencia espiritual. Era una advertencia a Israel del peligro de rebelión y la negativa a honrar su pacto con Jehová. ¡La unción destruye yugos! Destruye el vínculo con la opresión demoníaca. Libera a la gente. No hay nada como la unción y el poder liberador de Dios.

Recuerdo una noche en que Dios usó un equipo para liberar a una joven que había venido a orar. Cuando comenzamos a orar por ella, se hizo evidente que un espíritu demoníaco operaba a través de ella. Su voz cambió, su manera de comportarse cambió y estaba haciendo lo que yo llamo "manifestación", que es cuando los espíritus reaccionan al poder y la autoridad de Dios. La gente endemoniada se manifiesta cuando aparece la unción o cuando está presente la autoridad divina. Los demonios odian la vida y la libertad que se recibe con la unción, ya que la autoridad los expone en todo momento.

Esta dama estaba gravemente poseída por los demonios. Mi equipo oró sin parar por ella, despegando una capa tras otra de opresión. La lucha fue tan ardua, que les pedí que la llevaran a la parte de atrás mientras yo continuaba ministrando a la multitud. Cuando la reunión terminó más tarde esa noche, entré en la habitación de atrás, donde todavía estaban echándole demonios. Me uní a ellos y continuamos la faena.

Finalmente, llegamos a la raíz del problema y la hice renunciar a algunas cosas. Sabíamos que todo dependía de eso, pero era literalmente una lucha hacerla hablar y silenciar a los demonios. Finalmente, llegamos a ese punto, ¡y logramos la victoria! Fue una batalla intensa. Los demonios no daban su brazo a torcer esa noche, pero persistimos y nos mantuvimos de pie con la autoridad de Jesús y la Palabra de Dios.

Unos años más tarde, su pastor me llamó para decirme que ella y su familia estaban asistiendo a su iglesia. Antes de su liberación, sus vidas eran un desastre, pero su actitud y mentalidad cambiaron después de que fue liberada. Algunos de sus familiares ni siquiera iban a la iglesia, pero cuando vieron el cambio que se produjo en ella, se sintieron atraídos. Ella es libre hoy y sirve en un ministerio en esa iglesia. ¡Dios transformó su vida! La liberación transforma la vida para siempre.

¡Vale la pena la lucha y el esfuerzo involucrado para ver un alma liberada! Toda liberación es desordenada. Puede resultar agotadora y difícil, pero es completamente fundamental. Muchas personas maravillosas en todas las naciones son llamadas por Dios, pero necesitan que se destruyan yugos, que se expulsen demonios y que se transformen mentalidades. Muchas iglesias son demasiado «decentes» para participar en el ministerio de liberación. No expulsan a los demonios. Les avergüenza esa parte del evangelio. Gracias a Dios, Jesús no era así.

"Y entraron en Capernaum; y los días de reposo, entrando en la sinagoga, enseñaba. Y se admiraban de su doctrina; porque les enseñaba como quien tiene autoridad, y no como los escribas. Pero había en la sinagoga de ellos un hombre con espíritu inmundo, que dio voces, diciendo: ¡Ah! ¿Qué tienes con nosotros, Jesús nazareno? ¿Has venido para destruirnos? Sé quién eres, el Santo de Dios.

Pero Jesús le reprendió, diciendo: ¡Cállate, y sal de él! Y el espíritu inmundo, sacudiéndole con violencia, y clamando a gran voz, salió de él. Y todos se asombraron, de tal manera que discutían entre sí, diciendo: ¿Qué es esto? ¿Qué nueva doctrina es esta, que con autoridad manda aun a los espíritus inmundos, y le obedecen? Y muy pronto se difundió su fama por toda la provincia alrededor de Galilea".

—Marcos 1:21–28

Este hombre estaba sentado allí mismo, en medio de la gente religiosa y, sin embargo, estaba endemoniado. Estaba atado, pero solo recibió ayuda cuando Jesús entró a ese lugar. Los religiosos se sorprendieron porque tal nivel de fe y autoridad era poco común. A las personas religiosas no les gusta la liberación. No les gusta tomar autoridad sobre los demonios.

Jesús es un libertador

Hoy, movimientos enteros evitan el ministerio de la liberación. Algunos de los líderes de estos grupos están engañados, enseñando y creyendo doctrinas erróneas mientras se burlan de expulsar demonios. No se dan cuenta de que se están burlando de uno de los ministerios principales de Jesús. ¡A Jesús le encanta liberar a la gente!

Derek Prince escribió sobre este pasaje en su libro *Echarán fuera demonios*:

Primero, Jesús trató con el demonio, no con el hombre. El demonio habló a través del hombre, y Jesús le habló al demonio. Traducido de manera literal, lo que Jesús le dijo al demonio fue: "¡Sé amordazado!".

Segundo, Jesús echó fuera el demonio del hombre, no al hombre de la sinagoga.

Tercero, Jesús no fue perturbado en absoluto por la interrupción. El tratar con el demonio formaba parte de su ministerio total.

Cuarto, El demonio habló tanto en el singular como en el plural: "¿Has venido para destruirnos? Sé quién eres..." (versículo 24). Esta contestación es típica de un demonio hablando por sí mismo y en nombre de otros. El demonio que estaba en el hombre de la región de los gadarenos utilizó la misma forma de expresión: "Legión me llamo; porque somos muchos" (Mr. 5:9).

Quinto, es razonable suponer que el nombre era un miembro de la sinagoga que la frecuentaba con regularidad, pero aparentemente nadie sabía que necesitaba liberación de un demonio. Tal vez ni siquiera el mismo hombre supiera. La unción del Espíritu Santo sobre Jesús hizo que el demonio fuera expuesto abiertamente.

Sexto, fue esta dramática confrontación con un demonio en la sinagoga que lanzó a Jesús en su ministerio público. Él se volvió conocido por sus compatriotas judíos y principalmente como el Hombre con autoridad única sobre los demonios.[1]

La liberación estaba al frente y en el corazón mismo del ministerio de Jesús. De manera decidida combatió los poderes demoníacos con fuerza y autoridad.

"Como Dios ungió con el Espíritu Santo y con poder a Jesús
de Nazaret, y como este anduvo haciendo bienes y sanando a
todos los oprimidos por el diablo, porque Dios estaba con él".

—Hechos 10:38

No es posible luchar con el diablo con debilidad, timidez y miedo. Estos
elementos atraen poderes demoníacos. Los creyentes deben conocer su
autoridad y ejercerla sobre los poderes de la oscuridad.

Los demonios no se echan cantando. No se echan con la voluntad
de hacerlo, ni riéndonos ni contorsionándonos. ¡Hay que enfrentarlos!
Expulsar demonios es el dedo de Dios manifestado en la vida de los que
están atados.

Niveles de liberación

Hay niveles de liberación y de liberadores:

+ **Liberación personal** de demonios pequeños y tormentosos.
+ **Liberación regional,** que se realiza dentro de un
  territorio para imponer el Reino y combatir a los espíritus
  gobernantes.
+ **Liberación nacional,** que combate el clima espiritual en
  una nación y rompe el poder de un príncipe demoníaco.
+ **Liberación global,** que libera instrucción profética para las
  naciones y arma a la *ekklesia* para que obre en libertad.

Cada nivel requiere de diferentes niveles de revelación, esferas de autoridad y estrategias. Se necesitan estrategias diferentes para trabajar con
una región que para tratar con un individuo. También se está tratando
con diferentes niveles de demonios.

Moisés fue criado por Dios en respuesta a la esclavitud de los hebreos.
Todo libertador nace con un propósito único, un poder inusual (del
Espíritu), una fe inusual, perseverancia y soluciones. Dios capacita a

hombres y mujeres comunes para llevar a cabo hazañas extraordinarias. Moisés fue uno de esos hombres.

"El clamor, pues, de los hijos de Israel ha venido delante de mí, y también he visto la opresión con que los egipcios los oprimen. Ven, por tanto, ahora, y te enviaré a Faraón, para que saques de Egipto a mi pueblo, los hijos de Israel".

—Éxodo 3:9–10

Dios escuchó el clamor de su pueblo. Vio su opresión y satisfizo su necesidad con el nacimiento de un libertador. Jocabed llevó en su vientre la respuesta al conflicto y la esclavitud. Sorprendentemente, Dios elige asociarse con hombres y mujeres para cumplir sus designios en la tierra. Él elige enviar a su pueblo y prepararlo para traer la libertad.

LAS CARACTERÍSTICAS DE UN LIBERTADOR

Tienen una sabiduría fuera de lo común

Dios nos concede discernimiento y sabiduría proporcional a nuestro destino. Hay algo en el tejido de nuestra identidad que será de bendición y de ayuda a los demás. Podría parecer algo pequeño, pero se convertirá en una gran bendición para alguien. Los libertadores reciben sabiduría. Dios les da entendimiento y habilidades. Les da planes y estrategias (ver Pr. 4:5).

Tienen encuentros fuera de lo común

Dios nos busca y se nos revela. Cuando estuvo listo para enviar a Moisés, se encontró con él de manera sobrenatural. Cuando Dios escoge un hombre o una mujer, organiza encuentros extraordinarios con ellos.

Tienen revelaciones fuera de lo común

La revelación nos garantiza acceso a la mente y los planes de Dios. Nos encomienda la liberación y el destino a través de su revelación. Él desea revelarnos secretos y misterios. Los libertadores llevan a otros a la libertad manifestando los planes de Dios.

Tienen un poder fuera de lo común

La Biblia es un libro de milagros. Dios nunca envía a nadie sin poder. Los libertadores tienen acceso a un poder fuera de lo común.

Enfrentan obstáculos fuera de lo común

La vida de un libertador enfrentará oposición y resistencia porque el enemigo tratará de acabar con su misión antes de que esta comience. Si Satanás no estuviera alarmado, no atacaría.

Tienen una tenacidad fuera de lo común

Los libertadores no tienen sentido del abandono. Si son derribados, se levantan. El infierno puede lanzarles un gancho al hígado, pero la resurrección vive en su vientre. La recuperación está viva en algún lugar de su espíritu (Pr. 24:16).

Tienen soluciones fuera de lo común

Moisés tenía respuestas porque escuchaba a Dios, que es el ser más sabio que existe. Cuando estamos con Él, tenemos respuestas fuera de lo común para los problemas.

Tienen una vida fuera de lo común

Cada giro de su vida es una enseñanza para el libertador. Su vida fuera de lo común está llena de aprendizaje y de lecciones.

Tienen victorias fuera de lo común

Los libertadores están ungidos para el avance y la victoria. Su misión está cubierta con un manto de victoria. No están sujetos a los poderes del infierno. La libertad es su porción.

Oración profética

Padre, te agradezco por el entendimiento y la revelación que me das de la libertad en mi vida. Reconozco que donde está tu Espíritu hay libertad. No me avergüenzo de la liberación, y sé que me has dado autoridad sobre la oposición y la esclavitud demoníacas. Declaro que soy libre. Mi mente es libre. Mi cuerpo es libre. Mi casa y mi familia son libres. Me someto y me entrego a Jesucristo; por lo tanto, me muevo en ámbitos de vida y libertad sobrenaturales. En el nombre de Jesús, amén.

Yo decreto sobre usted...

Decreto victoria y la libertad en su vida. Declaro que el poder de Dios está sobre usted y dentro de usted. Libero el Espíritu de Dios todopoderoso en su vida. Decreto que dondequiera que vaya, la libertad irá con usted. Declaro que usted lleva liberación y libertad en su vida. Está ungido para liberar a los cautivos. En el nombre de Jesús, amén.

Para reflexionar

- ¿Camino en libertad en cada aspecto de mi vida?
- ¿He permitido que el espíritu del miedo entorpezca mi asignación?
- ¿He buscado al Señor para liberarme de algún yugo?
- ¿He dejado algo que necesito para comenzar de nuevo?
- ¿Oro fielmente pidiendo luz sobre de mi destino?
- ¿Soy un libertador? ¿Manifiesto libertad a los demás?

Capítulo 10

EL MISTERIO DE DAR A LUZ

Q UIERO AHORA EXPLICAR una ley importante del reino: todas las cosas importantes primero deben comenzar como semillas. El enemigo viene tras la semilla porque la semilla rompe los ciclos demoníacos. Todos los propósitos y planes del Reino tienen un proceso de parto doloroso, y el enemigo hace todo lo posible para que las personas se rindan mientras aún se encuentran en el proceso de gestación. Este capítulo revelará las claves que nos ayudarán a soportar los dolores de parto, así como a hacer hincapié en la importancia de dar a luz.

Como ya lo establecimos a lo largo de este libro, todo en el Reino comienza en forma de semilla. Ese es uno de los aspectos en los que el enemigo trata de actuar de manera rampante en nuestra mente. Constantemente se encargará de decirnos cuán pequeños se ven nuestros sueños, cuán insignificantes somos, cuán pequeños son nuestros avances. Él hace todo eso para intentar que nos rindamos y claudiquemos. Quiere que abandonemos la semilla para que la cosecha nunca se logre. En muchos sentidos, el diablo tiene más fe en nuestro destino que nosotros, ya que él ve el potencial y la fuerte lucha que tenemos contra él.

Él sabe que lo que Dios plantó en nuestro interior es una amenaza para sus planes malvados. Él sabe que si oramos y obedecemos a Dios, seremos un instrumento de destrucción para los planes del infierno. Y Jesús nos encargó aterrorizar al infierno.

"El que practica el pecado es del diablo; porque el diablo peca desde el principio. Para esto apareció el Hijo de Dios, para deshacer las obras del diablo".

—1 Juan 3:8

Jesús vino a derribar el reino y las estructuras del infierno. Él nos ungió para ser embajadores del Reino de Dios, y parte de nuestra comisión consiste en hacer la guerra a los planes y las operaciones del diablo. Fuimos llamados a hacer sentir al diablo desdichado. ¡Nunca fuimos llamados a ser desdichados nosotros!

Una clave importante para avanzar hacia nuestro destino es comprender el concepto de dar a luz. Dios siembra algo en nuestro interior durante un tiempo determinado. Seguidamente, nos guía diariamente para que preparemos nuestro corazón y asegurarnos de que Él aún se está moviendo en nuestra vida. Poco a poco, nos va haciendo dar pasos de bebé en dirección del plan de nuestra vida. Entonces, de repente, las compuertas principales se abren y logramos una gran victoria, pero todo comienza con una semilla.

¿Podemos manipular una semilla?

Dios provee la semilla, pero nosotros proveemos la matriz. Nuestra vida debe ser un lugar fértil para que el Reino de Dios sea plantado y crezca. Somos los encargados de administrar los sueños, las visiones, los pequeños impulsos y los enormes deseos, con nuestro corazón plantado en Él, para que sus promesas se puedan cumplir en nuestra vida.

"Deléitate asimismo en Jehová, y Él te concederá las peticiones de tu corazón. Encomienda a Jehová tu camino, y confía en Él; y él hará".

—Salmo 37:4–5

¡Esta es una de mis promesas favoritas de las Escrituras! Si me deleito en el Señor, si vivo una vida dedicada a amarlo y conocerlo íntimamente, entonces Él promete concederme las peticiones de mi corazón. Él promete incluso cumplir las pequeñas peticiones. Esto significa que puedo ver a Jesús en mis pequeños progresos diarios y en los grandes milagros. Puedo verlo a mi alrededor. Puedo verlo dirigiéndome. Puedo verlo prodigándome de su amor y llevándome de su mano.

Hay otra verdad que se relaciona con esta promesa. ¿Qué sucede cuando mi corazón no está en sintonía con el de Dios? Creo que este versículo habla de los beneficios de encomendar a Él mi camino (mi vida). Si lo hago, mi corazón se transformará y se renovará. La palabra traducida como *corazón* en el Nuevo Testamento está relacionada con el centro del pensamiento, la razón y la toma de decisiones. En pocas palabras, cuanto más camino con Jesús, más comienzo a pensar y a soñar como Él. Veamos algunas promesas relacionadas con esto.

> "Porque mis pensamientos no son vuestros pensamientos, ni vuestros caminos mis caminos, dijo Jehová. Como son más altos los cielos que la tierra, así son mis caminos más altos que vuestros caminos, y mis pensamientos más que vuestros pensamientos".
>
> —Isaías 55:8–9

¡Estos versículos me inspiran y me animan! Revelan el deseo del Padre de elevar mis pensamientos para que pueda entrar en el ámbito de lo imposible y lo sobrenatural. Con demasiada frecuencia mi mente se queda atascada a paso lento, pero cuando acudo a Dios, Él me invita a tener pensamientos más altos, sueños más grandes y ámbitos de fe más atrevidos.

> "Que esta mente esté en todos ustedes, lo cual también estaba en Cristo Jesús".
>
> —Filipenses 2:5

Jesús nunca coloca una promesa delante de nosotros que no podamos llevar a cabo. ¡Él es bueno, y no miente! En los versículos que siguen a esta promesa, Él expone su mente hablándonos de humildad y entrega. Nos invita a tener un estilo de vida entregado que libere nuestra mente del miedo, de la carencia y de las limitaciones. Pensamos en un nivel y luego pasamos a otro nivel.

Que el Señor nos invite a pensar como Él es una parte vital de dar a luz. Debemos ser capaces de ver el cuadro completo y no quejarnos o refunfuñar. Quejarse mantuvo al pueblo de Dios en el desierto durante toda una generación. Una generación entera perdió su destino debido a su actitud negativa. ¡Esto es tóxico!

Quejarse es el fruto del desaliento y la amargura. Es liberar emociones tóxicas. Abre puertas a la esclavitud demoníaca porque nos mantiene estancados en lugares donde no estábamos destinados a permanecer. De hecho, por lo general, cuando se ministra liberación a alguien en cautiverio, se debe hacer que regrese y deshaga los decretos negativos que hayan hecho. Se debe llevar a través de diversas renuncias hasta que rompa todos sus acuerdos con el infierno.

> "Ni murmuréis, como algunos de ellos murmuraron, y perecieron por el destructor".
>
> —1 Corintios 10:10

La palabra *murmurar* significa aquí, "expresar un descontento de manera secreta y malhumorada, expresar indignación, rezongar, refunfuñar".[1] El enemigo siembra semillas de amargura y derrota. Él quiere dominar nuestros pensamientos para que nuestra boca exprese las cosas equivocadas. La queja es el intento del enemigo de hacer que profeticemos destrucción sobre nuestra vida. El plan del infierno es impedir nuestra cosecha. No podemos dar a luz el destino que Dios tiene planificado para nosotros si caemos en la murmuración. Debemos renovar nuestros pensamientos y tomar el control de nuestra boca, que es un instrumento de poder. ¡Cada vez que la abrimos, estamos bendiciendo o maldiciendo!

"De una misma boca proceden bendición y maldición. Hermanos míos, esto no debe ser así. ¿Acaso alguna fuente echa por una misma abertura agua dulce y amarga?".

—Santiago 3:10–11

Este pasaje revela el poder de la lengua. Santiago declara que como creyentes debemos usar nuestra boca como plumas de bendición, no como objetos de destrucción. Si vivimos de manera redimida, nuestra habla también ha de ser redimida. En verdad podemos cambiar el mundo que nos rodea por medio de las palabras de nuestra boca. También podemos regar la semilla y dar a luz la promesa de Dios con nuestras palabras.

Jocabed quedó embarazada con una promesa de liberación. Ella llevaba una semilla que rompería un ciclo. El enemigo hizo todo lo que pudo para evitar que este bebé creciera y se manifestara como libertador. Ella no solo lo llevó en su vientre, sino que lo cuidó y lo protegió para llevar a cabo el plan de Dios.

"Y los bendijo Dios, y les dijo: Fructificad y multiplicaos; llenad la tierra, y sojuzgadla, y señoread en los peces del mar, en las aves de los cielos, y en todas las bestias que se mueven sobre la tierra".

—Génesis 1:28

Dios ordenó a Adán y Eva que fueran fructíferos y se multiplicaran. Dios planeó poblar la tierra con una generación que buscaría su rostro y caminaría con Él. ¡Su mandato para la humanidad era que concibieran y dieran a luz!

CLAVES PARA DAR A LUZ

Reconocer la ley de la semilla

Esta es una ley espiritual del Reino. Debemos tener los ojos abiertos a la realidad de que estamos viviendo constantemente en el ámbito de la siembra y la cosecha. Nuestra vida ahora mismo está manifestando la cosecha de las semillas anteriores.

¡Nos hemos rendido con algunas semillas que hemos sembrado! El enemigo hizo que nos cansáramos y estropeó nuestra cosecha. Debemos vivir intencionalmente, dar intencionalmente, orar intencionalmente, estudiar intencionalmente y movernos en el Reino intencionalmente.

Regar la semilla

El Reino crece en nuestra vida personal por etapas. Primero, hierba (alabar a Dios por las pequeñas cosas, sin menospreciar los *pequeños* comienzos). Luego, la espiga (una pequeña fruta). Y finalmente, el *fruto pleno* (poder y maravillas). Finalmente, la cosecha, el fruto, comienza a afectar a otros, y el Reino crece y se expande.

Profetizar

El espíritu profético habla vida a lo que está muerto. El espíritu profético ve en el ámbito de lo invisible. Cuando profetizamos, declaramos el pensamiento de Dios sobre situaciones específicas. Declaramos los misterios y la sabiduría de Dios. También nos estamos preparando para la batalla y la victoria.

Permanecer en la presencia de Dios

Una y otra vez Israel libró y ganó guerras mediante la presencia de Dios. Derrotó a sus enemigos siguiendo la presencia de Dios.

La presencia de Dios nos fortalece.

La presencia de Dios nos empodera.

La presencia de Dios nos alienta.

El trabajo de parto

Toda semilla está destinada a culminar en un nacimiento. Hay un ámbito de la oración en el que nos entregamos en una oración profunda e intensa para dar a luz lo que Dios ha colocado dentro de nuestro espíritu.

"Hijitos míos, por quienes vuelvo a sufrir dolores de parto, hasta que Cristo sea formado en vosotros".

—Gálatas 4:19

¡Pablo era un experto en el trabajo de parto y en dar a luz! El parto es esencial para nuestro destino. Él estaba decidido a orar la voluntad de Dios a través de sus hijos espirituales.

"¿Quién oyó cosa semejante? ¿Quién vio tal cosa? ¿Concebirá la tierra en un día? ¿Nacerá una nación de una vez? Pues en cuanto Sion estuvo de parto, dio a luz sus hijos".

—Isaías 66:8

Cuando Sion (el pueblo de Dios) está de parto, ¡da a luz hijos! Ciertas semillas no nacerán sin una oración intensa y dedicada. Veremos más sobre la faena de parto al final de este capítulo.

ROMPAMOS EL ESPÍRITU DE ESTERILIDAD

Todo lo que Dios creó está diseñado para ser fructífero. La esterilidad no estaba en el plan de Dios. Ya vimos el mandato que Dios dio a Adán y Eva en Génesis 1, y Él no ha cambiado de opinión. Él quiere que su pueblo sea próspero y que actúe para la multiplicación del Reino.

El espíritu de esterilidad aborta planes y propósitos. Apoya y orquesta despegues prematuros. Quiere apagar el crecimiento y el avance del Reino.

El espíritu de esterilidad genera trabajo sin frutos, y trabajar y no ver resultados trae agotamiento y frustración. Este es el plan de este espíritu: hacer que los creyentes se den por vencidos.

El espíritu de esterilidad intentará robarse la cosecha. Tratará de atacar la semilla y bloquear la cosecha.

El espíritu de esterilidad trata de parar el crecimiento de la iglesia y de los ministerios. Este espíritu literalmente sembrará semillas de conflicto y confusión para evitar que la iglesia crezca. Muchos líderes están enfrentando el espíritu de esterilidad en sus ministerios.

Históricamente, Satanás ha atacado siempre el nacimiento de los profetas. El enemigo trata de destruirlos antes de que nazcan. El espíritu de esterilidad hará todo lo posible por aniquilar a los profetas y a aquellos con dones proféticos en diferentes ámbitos y ministerios. Quiere abortar el funcionamiento de lo profético.

Valoremos el día de los pequeños comienzos

Cuando se siembra una semilla, comienza como algo pequeñito. Las Escrituras ilustran este concepto con la parábola de la semilla de mostaza. La semilla de mostaza es una de las semillas más pequeñas, sin embargo, hay semillas de mostaza en todo el mundo. ¡El tamaño de la semilla no determina el potencial de la cosecha! El árbol puede crecer en diversos tipos de suelo, incluidos los suelos malos para el cultivo. Es una semilla ciertamente resistente. Los árboles de mostaza pueden llegar a ser imponentes, producir sombra, y crecer hasta seis metros de alto y de ancho. Las hojas producen mostaza. El árbol tiene una variedad de usos. ¡Este enorme árbol brota de una pequeña, pero poderosa semilla!

> "Entonces el Señor dijo: Si tuvierais fe como un grano de mostaza, podríais decir a este sicómoro: Desarráigate, y plántate en el mar; y os obedecería".
>
> —Lucas 17:6

¡Nuestra gran cosecha comienza como una pequeña semilla! No nos sintamos mal por el pequeño comienzo. Más bien, visualicemos la grandeza envuelta en la pequeña semilla.

Prestemos atención a las advertencias proféticas

Una advertencia profética puede salvar nuestra vida, nuestra asignación y nuestra familia. Nunca olvidaré un momento en que mi esposa y yo estábamos en una reunión a la que nos habían invitado para entablar una relación ministerial que en ese momento parecía una gran idea. En medio de la reunión, escuché al Señor susurrar: "Mentiras", en lo más profundo de mi ser. Al principio luché para discernir si era algo de mi mente o de mi espíritu. Cuando se lo conté a mi esposa, ella me dijo que había escuchado exactamente lo mismo. Sabíamos que Dios nos estaba advirtiendo. No hicimos el acuerdo y, años después, nos enteramos por qué. Es una larga historia, pero el Señor nos ahorró un montón de dolores de cabeza con su advertencia. Una advertencia puede rescatar nuestro propósito. ¡No la pasemos por alto!

Neguémonos a rendirnos

¡Muchas veces nos provocará renunciar! Rendirnos es fácil. Cualquiera puede darse por vencido. Se necesitan agallas, perseverancia y resistencia para llegar hasta el final. Los campeones no tiran la toalla. Miran de frente a la adversidad y la enfrentan. El Señor nos dará poder para mantenernos fuertes si lo buscamos.

Para dar a luz primero hay que concebir

Durante la plantación profética, ¡Dios siembra sus propósitos en nuestro espíritu! ¿Qué nos ha dicho Dios? ¿Qué han discernido personas de confianza sobre nuestro propósito? Estos son indicadores de lo que hemos sido llamado a dar a luz.

Dar a luz requiere de intimidad

No es posible dar a luz los propósitos del Reino sin un estilo de vida de intimidad con el Rey. ¡El *qué* no es más importante que el *quién*! Y me refiero a un hombre llamado Jesús. Mantengámoslo en la mira a través de un estilo de vida de entrega y búsqueda diarias.

Dar a luz requiere de atenciones

Tenemos que administrar nuestro destino, crecer en el conocimiento, estudiar, planificar, y prepararnos. Una sala de partos es una atmósfera. El Diccionario *Webster* establece una de las definiciones de atmósfera como "la influencia o el entorno que nos rodea".[2] El entorno nos afecta de manera importante. Los hospitales se esfuerzan en crear lugares seguros y cómodos para que las nuevas madres den a luz. De igual manera, es importante crear un lugar de inspiración y oración en nuestro hogar; un lugar que facilite nuestra visión. La atmósfera que nos rodea es nuestro espacio creativo. Allí, se conciben y nacen las ideas. Las actitudes, y la expresión de esas actitudes, establecen la temperatura emocional de la atmósfera, al igual que un termostato establece la temperatura física en una habitación. Lo que se ve y lo que se oye ayuda a crear la atmósfera. Cambiar lo que vemos y lo que se oye a nuestro alrededor puede cambiar nuestra atmósfera.

El parto está relacionado con dolor

¡Los intercesores abren matrices! Los dolores de parto liberan el ámbito de dar a luz en el espíritu. Lo que estaba cerrado se abre y se llena de nueva vida.

En un artículo publicado en *Elijah List*, James Goll escribe:

> "¿Qué es la oración de parto? Estos métodos de oración son un 'arte perdido' en el Cuerpo de Cristo, pero en el movimiento actual de Dios, las viejas formas se están renovando. Permítame intentar explicarlo.
>
> Así como ocurre en lo físico, ocurre en lo espiritual. El dolor de parto es una forma de intercesión intensa dada por el Espíritu Santo, a través de la cual un individuo o grupo es tomado por algo que está tomado al corazón de Dios. El individuo o grupo trabaja con Dios para que se cree una salida para la nueva vida [...]
>
> Los dolores de parto comienzan cuando hemos llevado algo en el corazón durante un tiempo, y llegan repentinamente [...]. Luego llega el momento estratégico de pujar la promesa a través del canal de la oración. Finalmente, nos damos cuenta de

que la promesa ha nacido, ¡y nos sentimos aliviados cuando terminamos de dar a luz!

En la oración de parto, Dios desea crear una 'salida' a través de la cual trae una porción de vida o crecimiento. Si la 'salida' ya existiera, no habría necesidad de dolor. Así como la 'salida' de la matriz natural se agranda para dar a luz al bebé, el parto crea una 'apertura' o 'camino', donde esta apertura o camino haya estado cerrada. El dolor de parto, siempre abre un camino para la vida, la novedad, el cambio o el crecimiento".[3]

Seguramente usted está familiarizado con el relato de Elías y la lluvia. Un aspecto de esta historia se refiere a los dolores de parto y dar a luz. Elías había visto la lluvia y escuchado su sonido. Fue llevado a un ámbito del espíritu donde la lluvia era más real que la sequía, mientras que en el ámbito físico, la tierra estaba tan seca como un hueso.

Los profetas no se mueven según el tiempo físico, las estaciones o la lógica; debido a que son los portavoces de Dios, y Dios no están limitados por estas cosas. ¡Dios gobierna sobre ellos! Elías escuchó la lluvia, sintió la lluvia y llamó a existencia a la lluvia. Luego, envió a su criado Giezi a buscar la nube. Pero quiero que preste atención a la postura del profeta durante este acontecimiento.

"Entonces Elías dijo a Acab: Sube, come y bebe; porque una lluvia grande se oye. Acab subió a comer y a beber. Y Elías subió a la cumbre del Carmelo, y postrándose en tierra, puso su rostro entre las rodillas".

—1 Reyes 18:41–42

¡Elías se puso en posición fetal mientras se estaba comunicando con Dios! Él entendía que su oración podía llevar la palabra del Señor al plano terrenal. Debemos estar dispuestos a llevar la semilla, regarla, protegerla y darla a luz, lo cual producirá lo que Dios dijo. Cuando Elías oró, ¡llovió!

"Y aconteció, estando en esto, que los cielos se oscurecieron con nubes y viento, y hubo una gran lluvia. Y subiendo Acab, vino a Jezreel".

—1 Reyes 18:45

Su vida y su destino pueden parecer hoy secos, pero hoy quiero anunciarle que el cielo tiene nubes cargadas de lluvia para regar su semilla. El cielo tiene tormentas de gloria para multiplicar lo que ya está plantado. Aprenda el arte de la faena de parto y ore por ella. ¡Es suya!

ORACIÓN PROFÉTICA

Señor, te agradezco por las pequeñas cosas en mi vida. Veo y discierno las semillas que se han plantado. Te agradezco porque soy un sabio administrador de las semillas en mi vida. Te agradezco porque te obedezco y escucho las advertencias que me das. Te agradezco porque veo las nubes de lluvia que regarán la semilla. Te agradezco porque soy un intercesor, conozco la faena de parto y sé dar a luz. Decreto que produciré buenos frutos en mi vida. En el nombre de Jesús. Amén.

YO DECRETO SOBRE USTED . . .

Decreto crecimiento y expansión en su vida. Libero el espíritu de oración. Declaro que usted ora y obedece. Usted ve y escucha, y actúa en consecuencia. Decreto que no se quedará estancado. Usted atiende las advertencias proféticas, administra las palabras proféticas, se niega a quejarse. Se mueve bajo los tiempos y la dirección del cielo. Usted da a luz los planes y los propósitos de Dios. Usted no abandona la cama de parto. Es fiel para ver el plan de Dios hasta el final. En el nombre de Jesú, amén.

PARA REFLEXIONAR

- ¿He sido fiel al trabajo de parto y al nacimiento de mi destino?
- ¿Oro y presto atención a las instrucciones de Dios?
- ¿He permitido que el espíritu de esterilidad robe mi semilla?
- ¿Busco la intimidad con mi Padre?

- ¿Escucho las palabras proféticas y las advertencias que se pronuncian sobre mí?
- Prometo germinar mi semilla con oración, adoración e intimidad con Dios.

Capítulo 11

EL MISTERIO DE LA PROTECCIÓN
DE LAS SEMILLAS EMERGENTES

L A SEMILLA DEBE protegerse, pero muchos no saben cómo guardar y preservar su destino profético. Este capítulo contiene claves y consejos prácticos para proteger nuestra semilla, y también fortalecerá nuestra fe en la protección divina.

Como ya establecimos en este escrito, todo en el Reino comienza como una semilla. Damos un paso de fe, creyendo que recibiremos una cosecha. Dios planta sus más significativos sueños en lo profundo de nuestro corazón, y descansamos con la seguridad de que hemos escuchado su voz claramente. Luego damos un paso para cumplir lo que Dios nos llamó a realizar.

El relato de Jocabed y Moisés está lleno de actos protección divina contra las muchas tramas del adversario. Debemos entender que el enemigo trabajará horas extra para arrancar la frágil semilla antes de que empiece a germinar. La semilla emergente es frágil y debe protegerse.

Recuerdo una ocasión en la que enfrenté un ataque del enemigo en la que intentó arrancar la semilla de mi joven corazón. Recibí el llamado de Dios para el ministerio y estaba listo para dar mi primer paso de fe. Estaba a punto de embarcarme en el viaje más significativo de mi joven vida espiritual. Dejaría todo lo que conocía para emprender una gran aventura.

Necesité de cada gramo de fe que tenía para ser lo suficientemente valiente para decir que sí. Le estaba diciendo que sí a irme a otro lugar. Le estaba diciendo que sí a dejar a mi familia y al sistema que me apoyaba. Le estaba diciendo que sí a un gran reto financiero en la fe. ¡Le estaba diciendo que sí a lo desconocido! Estaba dispuesto a dar el salto porque sabía lo que había oído de Dios.

En medio de este proceso de toma de decisiones, el enemigo trató de arrancar la semilla. Alguien que fue fundamental en mi proceso de salvación comenzó a pronunciar palabras negativas sobre mi decisión. Me dijo que estaba cometiendo un grave error, que fallaría y que Dios no me había llamado al ministerio. Me sorprendió mucho porque esta persona, que había sido muy importante en mi historia de salvación, ahora, de repente, ¡arremetía contra el plan de Dios para mi vida!

Ahora puedo verlo claramente. Esta persona simplemente no quería que me fuera, así que, en el momento de frustración, permitió que el enemigo usara su boca. Su palabra de maldición era poderosa. Pero ignoré lo que habló sobre mí, y en lugar de eso, opté por creer en el impulso que sentía de emprender esta aventura extraordinaria. Tuve que elevarme por encima de mis emociones, de mi mente y de la guerra que se había perpetrado en mi contra.

Guerra a través de la paz

Con los años, he aprendido que no es raro que se presenten este tipo de batallas cuando nos toca tomar grandes decisiones. En momentos así debemos sintonizarnos con el Señor para encontrar la paz verdadera y duradera. Yo busco esa paz. Sé que si obedezco a Dios, Él proveerá esa paz tangible, que caracteriza a la obediencia. Nuestra mente puede rebotar en un millón de direcciones, pero nuestro espíritu descansa cuando está en sintonía de la voluntad de Dios.

Dejemos que la paz sea nuestro árbitro. Que confirme la voluntad de Dios para nuestra vida. Que nos dirija y nos sintonice con la paz de Dios.

"Por nada estéis afanosos, sino sean conocidas vuestras peticiones delante de Dios en toda [circunstancia y situación] oración y ruego [específico], con acción de gracias. Y la paz de Dios [que tranquiliza al corazón], que sobrepasa todo entendimiento, [esa paz que] guardará vuestros corazones y vuestros pensamientos en Cristo Jesús [es suya]".

—Filipenses 4: 6–7

Los creyentes tienen acceso a una paz que el mundo no conoce; una paz que supera la comprensión mental; una paz que, en ocasiones, puede estar totalmente desconectada del mundo físico. Esta paz no es circunstancial; no va y viene en función de su entorno. Nace de conocer a Dios, confiar en Dios y obedecer a Dios. Esta paz es un regalo magnífico en nuestra vida. Es la salsa secreta de la obediencia. El recorrido del cristiano puede ser extremadamente estrecho y sacrificado, pero al final del día tenemos esa paz majestuosa. La paz de Dios es incomprensible y nos mantendrá descansados.

Yo sentí paz con mi decisión a pesar de la palabra de maldición. Fui a la universidad bíblica y comencé mi gloriosa aventura de fe. Todo destino exige una aventura de fe. ¿Por qué? Porque aprendemos a confiar en Dios cuando estamos en lugares escabrosos de obediencia. En esos momentos en que nos toca salir sin tener todas las respuestas, es que nos encontramos con la gloria de Dios. Cuando nos encontramos la gloria de Dios, somos sostenidos sobrenaturalmente.

Muchos de mis días de estudio estuvieron llenos de oposiciones y de luchas. El enemigo me tentó a renunciar. Muchas veces trató de arrancar la semilla emergente en mi vida. Trató de abortar la misión que Jesús me dio. En aquellos días en que la tentación a renunciar era real, pude escuchar nuevamente esas palabras negativas y malditas resonando en mis oídos, instándome a rendirme. El enemigo me estaba dando una lista de excusas por las que obedecer era una locura.

Y era verdad, ¡decirle que sí a este viaje había sido una locura! No tenía sentido humanamente. Yo estaba en una osada aventura de obediencia al llamado y al mandato de Dios. Había renunciado a todo aquello a lo que estaba acostumbrado. Me estaba lanzando hacia lo profundo.

"El corazón del hombre piensa su camino; mas Jehová endereza sus pasos".

—Proverbios 16:9

Dios estaba dirigiendo mis pasos. Me estaba sanando, liberando y preparando para ir a las naciones. Al mismo tiempo, el diablo estaba tratando de arrancar la semilla. Estaba tratando de detener mi progreso. Después de varios episodios de desaliento y la repetición de esas palabras, me levanté con fe y rompí las maldiciones. Utilicé mi autoridad como creyente para romper cada maldición que se había pronunciado sobre mí.

Este es un paso fundamental para proteger nuestra semilla. En ese momento de mi vida no tenía los conocimientos que tengo ahora. No sabía del poder de las palabras porque, si lo hubiera hecho, habría ejercido autoridad sobre el decreto malvado mucho antes. Ahora, soy rápido para romper las maldiciones pronunciadas sobre mí. No lo hago desde una posición de temor, sino desde una posición de poder y autoridad. ¡Jesús nos dio autoridad en el ámbito espiritual!

Guerra desde los lugares celestiales

"Porque nos rescató del dominio de las tinieblas y nos transfirió al reino de su amado Hijo, en quien tenemos redención,
el perdón de los pecados".

—Colosenses 1:13–14

Fuimos trasladados o transferidos de un lugar a otro. Fuimos transferidos de un reino a otro, pasados de una dimensión a otra. ¡El sacrificio de Jesús en la cruz pagó nuestras deudas en su totalidad y nos transfirió del dominio (gobierno y autoridad) de la oscuridad al maravilloso poder y gobierno de Jesús! Ahora somos ciudadanos plenamente activos de su Reino, y hemos sido llamados a vivir en una nueva dimensión.

"Y Él os dio vida a vosotros, cuando estabais muertos en vuestros delitos y pecados, en los cuales anduvisteis en otro tiempo, siguiendo la corriente de este mundo, conforme al príncipe de la potestad del aire, el espíritu que ahora opera en los hijos de desobediencia, entre los cuales también todos nosotros vivimos en otro tiempo en los deseos de nuestra carne, haciendo la voluntad de la carne y de los pensamientos, y éramos por naturaleza hijos de ira, lo mismo que los demás. Pero Dios, que es rico en misericordia, por su gran amor con que nos amó, aun estando nosotros muertos en pecados, nos dio vida juntamente con Cristo (por gracia sois salvos), y juntamente con Él nos resucitó, y asimismo nos hizo sentar en los lugares celestiales con Cristo Jesús, para mostrar en los siglos venideros las abundantes riquezas de su gracia en su bondad para con nosotros en Cristo Jesús".

—Efesios 2:1–7

En el versículo 6 de este pasaje, la palabra traducida como *celestial* es la palabra griega *epouranios*, que significa "relativo al ámbito celestial, a la esfera de las actividades espirituales; divino, espiritual".[1] La palabra *lugares* aquí significa "en o entre; de nuevo, denota ubicación". El mensaje es que fuimos sacados de un reino o lugar de oscuridad y llevados a otro lugar o espacio del Reino de Dios. Nuevamente, aquí se está hablando de un ámbito, no de un tiempo o una etapa.

"Si, pues, habéis resucitado con Cristo, buscad las cosas de arriba, donde está Cristo sentado a la diestra de Dios. Poned la mira en las cosas de arriba, no en las de la tierra. Porque habéis muerto, y vuestra vida está escondida con Cristo en Dios".

—Colosenses 3:1–3

Combatimos los poderes del infierno desde una posición de victoria y autoridad. El enemigo fue despojado con éxito de todo dominio en nuestra vida. Podemos romper cada maldición que el infierno trata de proclamar contra nosotros. Somos la agencia del reino, y gobernamos y reinamos en la tierra. No operamos desde el miedo o la derrota, sino desde una posición de fuerza y victoria.

Guerra contra las palabras de maldición

"¿Por qué maldeciré yo al que Dios no maldijo? ¿Y por qué he de execrar al que el Señor no ha execrado?".

—Números 23:8, jbs

Este versículo hace una pregunta directa: "¿Por qué maldeciré yo al que Dios no maldijo?". La respuesta es que no podemos. De aquí es que obtenemos nuestra fuerza para elevarnos contra las palabras de maldición.

¿Qué es pronunciar una palabra de maldición? Comencemos con la definición de *maldición*, que, según el diccionario en línea Oxford, es "una declaración destinada a invocar un poder sobrenatural para infligir daño o castigo a alguien o algo".[2]

Todo en el ámbito espiritual fue creado y establecido por palabras. Dios creó por medio de palabras. El enemigo establece poderes demoníacos e influye mediante palabras. Los profetas y las personas proféticas liberan declaraciones espirituales, declaraciones que construyen, crean e instauran. Las bocas de los profetas son instrumentos de edificación. Los creyentes operan en autoridad real cuando declaran y proclaman. Esta es la misión de los hijos e hijas de Dios. Nuestra boca es un portal.

Vemos los siguientes pasajes sobre el poder de la lengua.

"Los labios del necio traen contienda; y su boca los azotes llama. La boca del necio es quebrantamiento para sí, y sus labios son lazos para su alma. Las palabras del chismoso son como bocados suaves, y penetran hasta las entrañas".

—Proverbios 18:6–8

"La muerte y la vida están en poder de la lengua, y el que la ama comerá de sus frutos".

—Proverbios 18:21

"Rebosa mi corazón palabra buena; dirijo al rey mi canto; mi lengua es pluma de escribiente muy ligero".

—Salmo 45:1

¿Cómo podemos romper efectivamente una palabra de maldición? El primer paso es reconocerla. ¿Se han pronunciado palabras negativas sobre usted para tratar de arrancar las semillas que Dios ha plantado en su vida? ¿Alguien ha hecho un pronunciamiento demoníaco sobre su vida, su familia o su ministerio? Discierna las maldiciones. Una vez que haya identificado la mano del enemigo en acción, debe romperla, y esto se hace renunciando a ella. Usemos nuestras palabras, inspiradas por el Espíritu Santo a través de la autoridad de Jesús, para declarar nulas e inválidas esas palabras. Rompamos toda asociación con esas palabras de maldición. Declaremos de manera decidida que esas palabras son nulas y cortemos cada lazo con ellas en el ámbito espiritual. ¡Luego declaremos las Escrituras! Encontremos un versículo o versículos de las Escrituras que se ajusten a aquello referente a la maldición. Declare bendición de Dios sobre su vida. Declare la Palabra de Dios. Si alguien profirió una maldición de enfermedad, declare textos de sanación y ordene a su cuerpo que reciba la vida de Dios. Cuando suelte la bendición, la maldición debe caer.

Muchas voces intentarán hablarle, ya sea para potenciar su semilla o para obstaculizarla. Debemos usar el discernimiento para prestar atención a las voces correctas y al mismo tiempo cortar las incorrectas.

"De cierto, de cierto os digo: El que no entra por la puerta en el redil de las ovejas, sino que sube por otra parte, ese es ladrón y salteador. Mas el que entra por la puerta, el pastor de las ovejas es. A este abre el portero, y las ovejas oyen su voz; y a sus ovejas

llama por nombre, y las saca. Y cuando ha sacado fuera todas
las propias, va delante de ellas; y las ovejas le siguen, porque
conocen su voz. Mas al extraño no seguirán, sino huirán de
él, porque no conocen la voz de los extraños. Esta alegoría les
dijo Jesús; pero ellos no entendieron qué era lo que les decía".

—Juan 10:1–6

La voz de Jesús es un don claro y consecuente en la vida del creyente.
Alimenta nuestra semilla, nos arma para la victoria y nos capacita para
ganar. Él siempre nos habla, aunque no nos demos cuenta. Debemos
aprender a ignorar la estática y escuchar su voz suave y apacible que habla
palabras de verdad y claridad sobre nuestra vida.

Voces que debemos discernir

La voz de la fe

La fe es un espíritu que habla. Debemos escuchar la voz de la fe en
nuestra vida. Leamos, meditemos y declaremos la Palabra de Dios. Liberemos la voz de la fe sobre nuestra simiente. Hablemos y declaremos lo
que el cielo dice, mientras anulamos lo que dice el infierno.

La voz de duda

El enemigo sembrará semillas de duda para hacer abortar nuestra cosecha. Muchas veces traerá amigos y familiares que hablarán cosas negativas sobre nosotros. Seamos rápidos para reconocer la voz de la duda y
cortémosla de inmediato. Es posible que nuestro amigo o familiar no lo
esté haciendo malintencionadamente, pero debemos asegurarnos de no
concertar con la voz de la duda. ¡Permanezcamos en la fe!

La voz del desaliento

El desaliento llega para privarnos de nuestro valor. Sin valor, nos costa-
rá obedecer a Dios y avanzar decididamente. Cuando el enemigo intente
bombardear nuestra mente con desaliento, debemos enfrentarlo.

La voz de la acusación

El diablo es el acusador de nuestros hermanos (Ap. 12:10). Él sacará a relucir nuestro pasado, nuestros errores y cualquier mentira sobre nosotros. Reconozcamos rápidamente sus tácticas y enfrentémoslas. Mantengámonos firmes meditando en las promesas de Dios.

Necesitamos algunas herramientas poderosas para proteger la semilla emergente, armas espirituales que nos ayuden a enfrentar los avances del enemigo.

SEIS ARMAS PODEROSAS PARA PROTEGER NUESTRA SEMILLA

1. ¡Oremos de manera decidida!

"Pedid, y se os dará; buscad, y hallaréis; llamad, y se os abrirá. Porque todo aquel que pide, recibe; y el que busca, halla; y al que llama, se le abrirá".

—Mateo 7:7–8

Orar de manera decidida es fundamental, así como interceder y pedir la voluntad de Dios sobre nuestra vida y nuestro destino. Nuestro compromiso a orar es imperativo para el crecimiento y desarrollo de nuestra semilla.

2. ¡Permanezcamos alertas!

"Orando en todo tiempo con toda oración y súplica en el Espíritu, y velando en ello con toda perseverancia y súplica por todos los santos".

—Efesios 6:18

Una táctica que usa el enemigo para derrotarnos es adormecernos espiritualmente. Orar en el espíritu y acceder a la mente de Dios devela la revelación para prepararnos para la victoria. Debemos estar alertas para reconocer y discernir las estrategias del infierno.

3. ¡Profeticemos!

"Pero el que profetiza habla a los hombres para edificación,
exhortación y consolación".

—1 Corintios 14:3

Nuestra lengua fue creada para liberar palabras poderosas en el ámbito espiritual. Cuando el infierno venga a por nuestra semilla, enfrentémoslo con declaraciones proféticas y pronunciemos de manera decidida lo que Dios dice. El Señor enviará el espíritu de profecía para ayudarnos a restablecernos.

4. ¡Descansemos!

Una mente descansada es una mente en paz. Un cuerpo descansado es capaz de viajar con una tenacidad inquebrantable. El descanso es un regalo, no una debilidad. Hay dos tipos de descanso básicos. El primero es el descanso espiritual, que es descansar en la fe con la tranquilidad de que "todo ha terminado". El segundo es el descanso físico. Debemos descansar la mente y el cuerpo, o nos cansaremos y agotaremos, lo que nos hará más susceptibles a las mentiras del enemigo.

"Venid a mí todos los que estáis trabajados y cargados, y yo os
haré descansar".

—Mateo 11:28

5. ¡Mantengamos relaciones sinceras!

Necesitamos personas en nuestra vida que sean claras y honestas con nosotros. Amigos y familiares que nos amen lo suficiente como para decirnos la verdad. ¡Necesitamos un liderazgo que, aparte de imponernos desafíos, nos apoye, incluso cuando estamos equivocados! Esto es básico. Mantener relaciones sinceras es sinónimo de protección. Es la herramienta de los ganadores. Los que gozan de longevidad tienen un equipo de consejeros, amigos, asesores y líderes que hablan a sus vidas.

"El hierro se afila con el hierro, y el hombre en el trato con el hombre".

—Proverbios 27:17, NVI

6. ¡Mantengamos estándares morales absolutos!

"¡Ay de los que a lo malo dicen bueno, y a lo bueno malo; que hacen de la luz tinieblas, y de las tinieblas luz; que ponen lo amargo por dulce, y lo dulce por amargo!".

—Isaías 5:20

Establecer patrones morales no bíblicos es una de las cosas más peligrosas que un creyente puede hacer. Como discípulos de Cristo, somos llamados a vivir nuestra fe según la Palabra de Dios. El enemigo puede llevarnos a un territorio moral indefinido a través del espíritu del mundo, la sabiduría carnal y la perversión. Su objetivo final es hacer tambalear nuestras convicciones y que naufraguemos en nuestro recorrido cristiano. Debemos decidir aferrarnos a la verdad bíblica y basar nuestra vida en ella.

¡El extraordinario viaje en la fe que Dios tiene para nosotros comienza con pasos que al principio parecen pequeños! Debemos orar y cuidar las semillas de crecimiento que plantadas en nuestra vida. ¡Nuestra siguiente gran victoria comienza con una pequeña semilla!

ORACIÓN PROFÉTICA

Señor, te agradezco porque estoy alerta, me mantengo obediente y ando en tu camino. Derribo y ato cada palabra de maldición en mi vida, en el nombre de Jesús. Derribo todos los malos decretos, y declaro que soy bendecido. Declaro que ando en la gloria. Me muevo en la gloria. Sigo tu camino y estoy lleno de tu poder.

Vivo en sintonía contigo y me niego a ceder cualquier terreno al enemigo. En el nombre de Jesús, amén.

Yo decreto sobre usted...

Declaro poder y fuerza sobre usted y su simiente. Declaro que el destino está creciendo en su vida. Derribo cualquier palabra de maldición hablada sobre usted. Oro para que tenga un fuerte discernimiento y una comprensión sobrenatural. Declaro que no está distraído ni confundido. Decreto que se mantiene alerta espiritualmente y listo para cumplir el mandato del cielo sobre su vida. En el nombre de Jesús, amén.

Para reflexionar

- Necesito aprender a discernir maldiciones y romperlas en mi vida.
- Debo pasar tiempo en oración y en la Palabra para conocer las promesas de Dios.
- Necesito regar las semillas del destino en mi vida estudiando y preparándome.
- Libero bendiciones sobre mí, sobre mi destino, sobre mi familia y sobre mis futuras generaciones.
- Tendré relaciones consagradas con aquellos que hablan verdad en mi vida.
- Me adhiero a normas de moral cristiana. Mi brújula moral es santa.
- Decreto que mi semilla se convertirá en un ministerio poderoso, que traerá a muchos al Reino.

Capítulo 12

EL MISTERIO DE LA DEBILIDAD

EN ESTE CAPÍTULO estudiaremos uno de los misterios más desconcertantes relacionados con la mente y los caminos de Dios. ¿Por qué aparentemente Él se limita a sí mismo eligiendo operar a través de seres humanos simples y a menudo débiles? ¡Él es un Dios todopoderoso! Él puede usar a cualquiera o cualquier cosa y, sin embargo, elige trabajar en la tierra a través de personas. Las mismas personas que Él creó para traer alabanza y gloria a su nombre muchas veces lo han abandonado y traicionado. Sin embargo, su amor siempre permanece.

El talentoso predicador Charles Spurgeon lo resumió de esta manera: "Aunque [...] has cambiado mil veces, Él no ha cambiado una sola vez".[1]

"¿Qué, pues, diremos a esto? Si Dios es por nosotros, ¿quién contra nosotros? El que no escatimó ni a su propio Hijo, sino que lo entregó por todos nosotros, ¿cómo no nos dará también con Él todas las cosas? ¿Quién acusará a los escogidos de Dios? Dios es el que justifica. ¿Quién es el que condenará? Cristo es el que murió; más aun, el que también resucitó, el que además está a la diestra de Dios, el que también intercede por nosotros. ¿Quién nos separará del amor de Cristo? ¿Tribulación, o angustia, o persecución, o hambre, o desnudez, o peligro, o espada? Como está escrito: Por causa de ti somos muertos todo el tiempo; somos contados como ovejas de matadero. Antes, en todas estas cosas somos más que vencedores por medio de Aquel que nos amó. Por lo cual estoy seguro de que ni la muerte, ni la vida, ni ángeles, ni principados, ni potestades, ni lo presente, ni lo por venir, ni lo alto, ni lo profundo, ni ninguna otra cosa creada nos podrá separar del amor de Dios, que es en Cristo Jesús Señor nuestro".

—Romanos 8:31–39

Estos versículos nos pintan una imagen conmovedora del interminable amor de Dios por nosotros. Debemos entender que el amor fue su motivación, el amor es su motivación y el amor siempre será su motivación. Su amor ni renuncia ni expira. Su amor fortalece nuestra relación con Él. Él dio el primer paso al enviar a Jesús, incluso cuando estábamos en rebelión contra él.

Comprender correctamente el amor profundo y perdurable que el Padre tiene hacia nosotros es fundamental para abrazar nuestro destino. ¡Dios eligió a Jocabed para que naciera Moisés, el que liberaría a los cautivos! Dios ungió a Moisés y luego acampó en medio de su pueblo con gloria. No importa a qué muro se enfrentó Moisés, Dios siempre estaba con él.

¡La liberación es una demostración de amor! El amor libera a los cautivos. El amor derriba muros demoníacos. El amor empodera el propósito. ¡El amor de Dios en acción sacó a los hebreos por medio de la nube y el fuego!

La lucha más difícil para cumplir con el destino que Dios tiene para nosotros es lidiar con nuestras propias debilidades y fallas humanas. Cuando examinamos nuestras fortalezas y debilidades y nuestras deficiencias nos abruman, se hace difícil creer que Dios puede usarnos. ¡Moisés experimentó lo mismo!

"Entonces dijo Moisés a Jehová: ¡Ay, Señor! nunca he sido hombre de fácil palabra, ni antes, ni desde que tú hablas a tu siervo; porque soy tardo en el habla y torpe de lengua. Y Jehová le respondió: ¿Quién dio la boca al hombre? ¿O quién hizo al mudo y al sordo, al que ve y al ciego? ¿No soy yo Jehová? Ahora pues, ve, y yo estaré con tu boca, y te enseñaré lo que hayas de hablar. Y él dijo: ¡Ay, Señor! envía, te ruego, por medio del que debes enviar. Entonces Jehová se enojó contra Moisés, y dijo: ¿No conozco yo a tu hermano Aarón, levita, y que él habla bien? Y he aquí que él saldrá a recibirte, y al verte se alegrará en su corazón. Tú hablarás a él, y pondrás en su boca las palabras, y yo estaré con tu boca y con la suya, y os enseñaré lo que hayáis de hacer. Y él hablará por ti al pueblo; él te será a ti en lugar de boca, y tú serás para él en lugar de Dios. Y tomarás en tu mano esta vara, con la cual harás las señales".

—Éxodo 4:10–17

Dios llamó a Moisés para que hablara en su nombre. Él sería el embajador de Dios, representando su agenda en la tierra. ¡Pero Moisés tenía un problema! Tenía un impedimento del habla. La mayoría de los teólogos creen que probablemente era algún tipo de tartamudeo.

Cuando discutió con Dios sobre su padecimiento, el Señor escogió a Aarón para que lo acompañara. Dios ya tiene respuestas y soluciones para su misión, lo cual es una parte del misterio. Dios ya sabe quién y qué se necesita para lograr lo que Él nos ha asignado. Él solo está esperando nuestra respuesta afirmativa para enviar todo lo que necesitamos. Está tratando de ampliar nuestra fe más allá de la capacidad que creemos tener. Está tratando de llevarnos a niveles más profundos de entrega. Él ya tiene las personas adecuadas y los recursos para nuestra asignación.

¿Por qué Dios llamó a un hombre que se sentía el menos calificado para llevar a cabo esta tarea? ¿Por qué no llamarlo para que hiciera algo con sus manos o con su mente? ¿Por qué lo llamó para que usara su boca si ni siquiera podía hablar con claridad? Este tipo de preguntas surgen cuando Dios inspira su majestuoso aliento sobre nuestra vida. Él nos inspira y nos envía a hacer cosas que parecen imposibles. Él declara el propósito en los aspectos más vulnerables de nuestra vida.

El Señor le recordó a Moisés que Él fue el que hizo su boca. Estaba alejando a Moisés de su debilidad humana y haciendo hincapié en su poder como Dios. Él sabía que iba a rodear a Moisés con su gloria y a realizar milagros sobrenaturales a través de él.

Él no estaba buscando la fuerza humana de Moisés; sino su entrega y su absoluta confianza. Para poder ungir a hombres y mujeres para que lleven a cabo obras extraordinarias, Dios necesita su total confianza. Él necesita que lo miren completamente a Él, no a sus propias capacidades o dones humanos. Muchos líderes poderosos naufragan cuando ceden ante un espíritu engañoso y comienzan a creer que el poder les pertenece a ellos. El poder está soberanamente en manos de Dios, y se entrega a los hombres y mujeres para que lo administren, pero su función siempre consiste en llevar a los receptores hacia la fuente.

ENTREGA Y DEBILIDAD

¡Un hombre o mujer egocentrista y autosuficiente se olvidará de llevar a las personas a la fuente! Dios es la fuente del poder, el amor y la gracia. Los mayores niveles de entrega solo producen reflexión. Este es un principio bíblico.

Veamos esto a través de algunas citas bíblicas.

> "Respondió entonces Jesús, y les dijo: De cierto, de cierto os digo: No puede el Hijo hacer nada por sí mismo, sino lo que ve hacer al Padre; porque todo lo que el Padre hace, también lo hace el Hijo igualmente".
>
> —Juan 5:19

> "Si me amáis, guardad mis mandamientos. Y yo rogaré al Padre, y os dará otro Consolador, para que esté con vosotros para siempre".
>
> —Juan 14:15–16

> "Adora a Dios; porque el testimonio de Jesús es el espíritu de la profecía".
>
> —Apocalipsis 19:10

En cada uno de estos versículos hay un grado de entrega y obediencia. Jesús declaró claramente que estaba plantado en el Padre, y que solo hacía lo que veía hacer al Padre. Muchos no entienden este principio, y en consecuencia, se inclinan ante el espíritu de la era y ceden ante la creencia de que deben esforzarse en salir adelante. Este es el espíritu del mundo que está obrando y, desafortunadamente, es común en la iglesia. Los creyentes se pisan unos a otros y pisotean a otros para promover sus dones, su ministerio o su agenda.

Jesús llevó una vida entregada, y tenía un flujo de poder infinito. Muchos quieren tener el poder de Dios, pero no entienden cuál es el precio. El precio es su voluntad. El espíritu de profecía revela la majestad de Jesús a hombres y mujeres. ¡Las palabras y operaciones proféticas siempre han de dirigir a las personas al Señor, jamás hacia el mensajero!

El amor facilita que nos entreguemos y confiemos. Nos hemos convertido en una generación que habla en voz alta y declara amor desde los tejados, pero el verdadero amor se demuestra es a través de las acciones del pacto. El verdadero amor es sacrificado. Es decir, renuncia a los deseos personales por la ambición de la persona que amamos. No podría pensar en una mejor manera de describir el caminar cristiano, sino como una serie de entregas e intercambios.

"Y decía a todos: Si alguno quiere venir en pos de mí, niéguese a sí mismo, tome su cruz cada día, y sígame".

—Lucas 9:23

Jesús describió el cristianismo como una entrega diaria. Parte de seguir a Jesús consiste en un intercambio de ideas. Ponemos a un lado nuestras ideas preconcebidas, para asumir su forma de pensar. Dejamos de buscar actuar a nuestra manera, y en lugar de eso, nos entregamos a Él. Por esta y otras razones, la oración es el alma de la vida cristiana: necesitamos ser lavados en su presencia para lidiar con nuestro corazón y dominar todo aquello que intenta imponerse contra su voluntad. También le permite hablarnos e inculcarnos una visión, esperanza y conocimientos renovados para el mandato que nos dio. La oración es el combustible de la obediencia.

"Todo lo puedo en Cristo que me fortalece".

—Filipenses 4:13

En el pasaje que conduce a este versículo, Pablo describe los altibajos, las victorias y los ataques que experimentó mientras servía a Cristo como su apóstol. Aprendió un secreto: la capacidad liberada en Cristo Jesús.

Pablo entendió el poder del pacto. A veces, yo describo el pacto como un gran canje en el que intercambiamos nuestro pecado por su justicia, nuestra transgresión por su integridad, nuestra debilidad por su sanidad. La salvación es un gran canje que nos capacita para recibir los beneficios completos de todo lo que Cristo logró en la cruz.

Debemos ver el destino a través de esta lente. Hay poder disponible por y a través de Jesucristo. Cuando Dios nos llama a hacer algo por Él, Él ya nos ha proporcionado el poder necesario. Está en Él, a través de Él y por Él.

Dios elige a personas que son aparentemente débiles en algún aspecto y los envuelve con su poder. Los envía a hacer algo para lo que no se sienten calificados. Él desea recibir toda la gloria. Si asumimos una tarea que creemos poder hacer sin Jesús, no confiaremos en Él ni le daremos gloria. Dios elige usarnos para aquello en lo que no tenemos confianza natural. Su objetivo es testificar de su bondad a través de nuestra vida.

"Entonces viendo el denuedo de Pedro y de Juan, y sabiendo que eran hombres sin letras y del vulgo, se maravillaban; y les reconocían que habían estado con Jesús. Y viendo al hombre que había sido sanado, que estaba en pie con ellos, no podían decir nada en contra".

—Hechos 4:13–14

¡Pedro y Juan estaban tan entregados a Jesús que emanaba poder sobrenatural de ellos! La gente sabía que habían estado con Jesús porque actuaban más allá de sus propias habilidades naturales. ¡Esta es la evidencia de la gloria de Dios! Cuando la gloria actúa en nuestra vida, actuamos fuera de nuestra capacidad típica. Dios quiere elevar a las personas en su gloria. Él quiere encomendarnos negocios, que establezcamos iglesias, y que liberemos revelación en su gloria. Él quiere sacudir a las naciones con su gloria. La gloria de Dios nos enviará, nos sanará y nos fortalecerá. Cuando sabemos que Dios nos está llamando a movernos más allá de nuestra propia capacidad, hacia el campo de su poder milagroso, nos hacemos dependientes de su gloria.

Pedro y Juan reflejaban el peso de la majestad divina. Las enfermedades se curaban instantáneamente cuando estos dos hombres manifestaban la presencia de Jesús. Su entrega los hacía portadores de su presencia. Las personas entregadas a Dios llevan su presencia, son obedientes y actúan de manera extraordinaria.

A menudo veo predicadores que se destacan debido a sus estudios y disciplina. Articulan conceptos profundos con facilidad porque se han preparado diligentemente. Son expertos comunicadores y, sin embargo, muchas veces hay una carencia de contenido celestial. Hay poca o ninguna demostración del poder del Reino. Actúan en sus propias fuerzas. ¿Qué pasaría si Dios los desafiara a salir de aquello a lo que están acostumbrados, mudarse a un lugar desconocido? Tendrían que aumentar su nivel de dependencia de Dios y la medida de lo sobrenatural aumentaría exponencialmente.

Creo que Dios está buscando personas y lugares donde pueda hacer despliegue de su poder. Recuerdo que cuando era nuevo en el ministerio, visité un ministerio de renombre mundial que albergaba una escuela de sanación diaria. Me asombré, porque venía gente de todas partes a aprender y sanarse. Venían tanto para oír como para ver. Así mismo era el ministerio bíblico de Jesús: la gente no solo escuchaba, sino que escuchaba y veía.

"Cómo Dios ungió con el Espíritu Santo y con poder a Jesús de Nazaret, y cómo este anduvo haciendo bienes y sanando a todos los oprimidos por el diablo, porque Dios estaba con Él".

—Hechos 10:38

Dondequiera que Jesús iba, ocurrían milagros. Muy pocos predicadores modernos viven en ese reino. Conozco algunos porque los he estudiado en mi búsqueda por comprender lo sobrenatural. Una característica común que he encontrado es que pagaron un precio muy alto por moverse en semejante poder.

Tuvieron que sacrificar sus propias ambiciones y planes. Tuvieron que enfrentar un intenso escrutinio por parte de la Iglesia, particularmente la parte que no cree en los ministerios así, llenos del Espíritu. Tuvieron que pasar incontables horas buscando a Dios y procurando su gloria. Tuvieron que enfrentarse a muchos que se burlaban de ellos. Tuvieron que renunciar a su reputación y estar dispuestos a parecer tontos ante los ojos del mundo. Ese es el precio de la gloria. Es rendirse y entregar a Dios nuestras debilidades.

> "Y para que la grandeza de las revelaciones no me exaltase desmedidamente, me fue dado un aguijón en mi carne, un mensajero de Satanás que me abofetee, para que no me enaltezca sobremanera; respecto a lo cual tres veces he rogado al Señor, que lo quite de mí. Y me ha dicho: Bástate mi gracia; porque mi poder se perfecciona en la debilidad. Por tanto, de buena gana me gloriaré más bien en mis debilidades, para que repose sobre mí el poder de Cristo. Por lo cual, por amor a Cristo me gozo en las debilidades, en afrentas, en necesidades, en persecuciones, en angustias; porque cuando soy débil, entonces soy fuerte".
>
> —2 Corintios 12:7–10

Pablo enfrentó algo que describió como un aguijón en la carne. Se le asignó un espíritu demoníaco para hostigarlo en todo lugar donde iba a predicar, debido a que entraba en ámbitos de revelación y demostración que amenazaban el reino del enemigo. El enemigo arremetió contra su mente y cuerpo en un inútil intento de que abandonara el rumbo, de que cediera a la presión.

En su búsqueda, Dios lo condujo a su gracia y le reveló un misterio paradójico: su poder se perfecciona en la debilidad. La majestad y el poder de Dios son atraídos a nuestra debilidad. Cuando somos honestos, humildes y transparentes ante el rostro de Jesús, su gloria se manifiesta con todo su poder.

Moisés no tenía confianza en su capacidad de hablar, pero Dios lo eligió a él. Pablo entendía bien a los hebreos y pudo haber pasado toda su carrera de predicador ministrándoles a ellos porque esa era su cultura, pero Dios eligió enviarlo a un pueblo que no entendía. En su debilidad, estos hombres encontraron el poder de Dios. Este es uno de los misterios del destino. Dios elige usar a personas poco probables y no calificadas, y las envía a lugares donde no tienen aparente capacidad. ¿Por qué? Porque Él quiere recibir la gloria. Él quiere que nos demos cuenta de que es solo por su poder, y de que cuando llevamos una vida de entrega, no hay absolutamente nada que no podamos hacer.

¡Nuestras debilidades le abren el camino a su poder! Aquellos aspectos en los que carecemos de confianza en nosotros mismos pueden ser los que el cielo nos inspire. Él quiere derramar su poder y gloria en nuestra debilidad, en esos aspectos en los que sentimos que no tenemos nada que ofrecer, Dios quiere tomar "lo necio del mundo" y usarlo "para avergonzar a lo fuerte" (1 Co. 1:27).

> "El rey no se salva por la multitud del ejército, ni escapa el valiente por la mucha fuerza. Vano para salvarse es el caballo; la grandeza de su fuerza a nadie podrá librar. He aquí el ojo de Jehová sobre los que le temen, sobre los que esperan en su misericordia, para librar sus almas de la muerte, y para darles vida en tiempo de hambre. Nuestra alma espera a Jehová; nuestra ayuda y nuestro escudo es Él. Por tanto, en Él se alegrará nuestro corazón, porque en su santo nombre hemos confiado. Sea tu misericordia, oh Jehová, sobre nosotros, según esperamos en ti".
>
> —Salmo 33:16–22

¡Somos salvos por su poder! Él está dirigiendo nuestra atención y nuestro afecto hacia Él. Nos está llamando a profundizar en su majestad. Está declarando un destino y potencial sobre todos esos aspectos aparentemente insignificantes de nuestra vida. Nos está liberando a un destino que puede transformar el mundo. Así como Dios llegó a la vida de Moisés y respiró sobre sus debilidades, lo está haciendo en cada uno de nosotros.

ORACIÓN PROFÉTICA

Padre, te agradezco porque en esos aspectos en los que me siento débil, tú eres fuerte. Declaro tu poder en mi vida, y acepto que tu gracia y tus habilidades se liberan en mi destino. Declaro que camino en tu fuerza y tu poder. Declaro que me revelarás respuestas y soluciones. Declaro que me muevo en obediencia radical. Decreto que tu poder y majestad se manifiestan en cada aspecto de mi vida. En el nombre de Jesús, amén.

YO DECRETO SOBRE USTED...

Decreto la gloria y el poder de Dios en su vida. Veo al Señor moverse en aquello en lo que usted es débil. Veo que la majestad de Jesús se hace cada vez más real en usted a medida que lo encomienda para llevar a cabo tareas inusuales. Decreto que Él aumentará su aceptación y se revelará a usted y a través de usted de una manera importante. Ato y derribo el espíritu del miedo. Dios no le dio espíritu de miedo, sino poder, amor y una mente sana. En el nombre de Jesús, amén.

Para reflexionar

- ¿He entregado cada parte de mi vida a Dios?
- ¿Hay algún vestigio de egoísmo o de orgullo en mí?
- ¿He sido lavado en su presencia lo suficiente como para morir a mis propios deseos?
- ¿Soy capaz de reconocer mis debilidades para poder recibir su poder?
- ¿Estoy tan entregado a Jesús que un poder extraordinario fluye a través de mí?
- ¿He superado el miedo que me incapacita?

Capítulo 13

EL MISTERIO DEL DECRECIMIENTO
MOMENTÁNEO

MOISÉS DEJÓ EL palacio y abandonó todos los tesoros de Egipto para seguir el plan de Dios para su vida. Esto representó un decrecimiento temporal que condujo a un megaumento. Muchas veces tenemos que renunciar a nuestros planes o deseos momentáneamente, pero eso nos llevará a un propósito mucho más elevado de lo que jamás podríamos imaginar. Este es otro misterio del Reino. La semilla muere, ¡pero el poder de la resurrección se activa!

"Por la fe Moisés, hecho ya grande, rehusó llamarse hijo de la hija de Faraón, escogiendo antes ser maltratado con el pueblo de Dios, que gozar de los deleites temporales del pecado, teniendo por mayores riquezas el vituperio de Cristo que los tesoros de los egipcios; porque tenía puesta la mirada en el galardón.

Por la fe dejó a Egipto, no temiendo la ira del rey; porque se sostuvo como viendo al Invisible. Por la fe celebró la pascua y la aspersión de la sangre, para que el que destruía a los primogénitos no los tocase a ellos. Por la fe pasaron el Mar Rojo como por tierra seca; e intentando los egipcios hacer lo mismo, fueron ahogados"

—Hebreos 11:24–29.

Moisés eligió el camino de la obediencia por encima de las comodidades humanas. Esto nos revela otro misterio del destino: el misterio del decrecimiento momentáneo. Moisés plantó su vida como una semilla en la voluntad de Dios. A él no le preocupaba el sacrificio financiero o físico: él iba por el destino.

¡Este acto de obediencia se menciona en el salón de la fe de las Escrituras, donde Dios elogia la fe de Moisés! La fe siempre da poder para la acción y la obediencia. La fe sin acción hechos está muerta (ver Stg. 2:17). Nuestra fe exigirá una respuesta. Exigirá obediencia, porque los milagros están siempre al otro lado de la obediencia radical.

¡Moisés estaba destinado a liderar un movimiento milagroso!

> "Y Él contestó: He aquí, yo hago pacto delante de todo tu pueblo; haré maravillas que no han sido hechas en toda la tierra, ni en nación alguna, y verá todo el pueblo en medio del cual estás tú, la obra de Jehová; porque será cosa tremenda la que yo haré contigo".
>
> —Éxodo 34:10

Ningún hombre o mujer puede experimentar verdaderamente el ámbito de los milagros sin obediencia. La obediencia es el resultado natural de escuchar la voz del Señor. Una vez que hemos escuchado la voz del cielo, es mucho más fácil dar un paso de fe.

Moisés fue cubierto por lo sobrenatural. El mandato de Dios sobre él estaba marcado por poder y maravillas. Fue llamado a representar el Reino en todo su poder.

Moisés fue liberado del miedo. ¡No es posible actuar con miedo y fe al mismo tiempo! De hecho, el miedo produce parálisis espiritual. Cuando el miedo toma control de nosotros, no se puede avanzar. La fe es un espíritu que avanza continuamente, aferrándose a las promesas y posesionándose de ellas. Fortalece la posesión en el ámbito espiritual. Cuando caminamos en la fe, hacemos nuestra la promesa.

La entrega de ser plantados

Es necesario entender el misterio de la siembra. Cuando Moisés respondió positivamente al llamado, una parte de él cobró vida y otra parte pareció morir. Este es el proceso de la siembra. Ninguna semilla puede producir fruto sin ser primero plantada. Cuando plantamos la semilla, podemos experimentarse un tipo de muerte. En cierto modo, esto ocurre porque estamos soltando algo. Soltamos lo que está en nuestras manos a cambio de lo que está en las manos de Dios. La liberación de la semilla da permiso al cielo para liberar la promesa.

Estos momentos pueden atemorizarnos mientras nuestra mente se esfuerza en ver cómo responder. Se trata de nuestro hombre carnal intentando dominar a nuestro hombre espiritual. En ese momento, estamos parados frente a una puerta que lleva a un nivel más elevado de operatividad en el Reino. Nos toca elegir. ¿Nos rendiremos o no? ¿Nos enfrentaremos a nuestros propios miedos o no? ¿Confiaremos en la voz de nuestro Padre o no?

Recuerdo vívidamente uno de esos momentos en mi propia vida. Estaba en mi adolescencia y acababa de experimentar una conversión radical. Estaba sentado en una iglesia cuando escuché la voz del Señor diciéndome que Él me había llamado. Mi primer obstáculo fue superar mis argumentos sobre por qué Dios jamás podría llamarme. ¿Acaso no sabía cuán mal yo estaba? ¿No se daba cuenta de que ya tenía planes? Seguramente el Señor sabía que no tenía ambiciones en el ministerio.

Dios respondió pacientemente todas mis preguntas una por una. Después de una lucha interna considerable, acepté que efectivamente había escuchado su voz y que Él tenía un llamado para mi vida. Para ser honesto, no estaba nada contento con eso, pero elegí obedecerlo. Comencé entonces a buscar cómo prepararme.

¡Dios me llamó para algo de lo cual no tenía idea! Esto solo me confirma que Dios tiene buen sentido del humor. A través de un proceso, escuché al Señor al pedirme que me fuera al otro lado del país para asistir a la universidad bíblica. Esta fue una muerte en muchos aspectos. Tuve que dejar a casi toda mi familia, así como un lugar y una sociedad que amaba, e ir prácticamente sin recursos, por fe, a otro lugar. Estaba matando mis planes personales.

Los primeros días en mi nuevo hogar resultaron tremendamente complicados. No tenía dinero, y me sentía solo e incomprendido. Aunque no lo sabía para eso momento, Dios poco a poco estaba rompiendo la atadura demoníaca en mi vida. Mi alma estaba siendo purgada. Este fue el comienzo de mi ministerio de mundial. Durante los siguientes dos años quise tirar la toalla mil veces, pero cada vez encontraba al Señor y su gracia en medio de mi prueba.

Ahora miro hacia atrás y solo agradezco a Dios. Conocí a mi esposa e hice amigos de toda la vida en la universidad bíblica. Allí fui radicalmente transformado y me entregué a Dios. Mi muerte personal se convirtió en una plataforma de lanzamiento para realizar proezas globales y, lo que es más importante, para entablar una relación personal con el Padre.

"Con Cristo estoy juntamente crucificado [es decir, comparto con Él su crucifixión], y ya no vivo yo, mas vive Cristo en mí; y lo que ahora vivo en la carne, lo vivo en la fe [al adherirme y confiar completamente] del Hijo de Dios, el cual me amó y se entregó a sí mismo por mí. No desecho [el precioso regalo de] la gracia de Dios [su asombroso e inmortal favor]; pues si por la ley fuese la justicia, entonces por demás murió Cristo [y su sufrimiento y muerte no habrían tenido ningún propósito]".
—Gálatas 2:20–21

Pablo describe perfectamente este hermoso proceso del decrecimiento momentáneo. Nuestro orgullo, deseos y ambición decrecen para que el Reino pueda ser magnificado en nosotros y por medio de nosotros. En realidad, lo que estamos es creciendo, al confirmar nuestra filiación e identidad, a pesar de que podría sentirse como una muerte en ese momento. Además, Pablo revalida el papel de la gracia. Cuando mi carne no quiere

rendirse, cuando mi mente física grita, ¡hay gracia abundante para forta-
lecer nuestra respuesta positiva!

Toda entrega requiere de una respuesta positiva. Yo encuentro las
dimensiones más exquisitas de su gracia cuando llego al límite de mí mismo,
como lo hizo Moisés. Él lo dejó todo y respondió que sí, y esa respuesta
positiva liberó la gracia en su vida. Liberó la capacidad y el poder divinos
que lo llevaron a la majestad de Jesús.

> Cuando Dios creó el primer ser vivo, le dio la capacidad de cre-
> cer y multiplicarse. ¿Cómo? A través del principio de la siem-
> bra y la cosecha. La vida comienza por este principio, y desde
> nuestro nacimiento la vida opera bajo el mismo principio. La
> cosecha se deriva de las semillas buenas o malas que hemos
> sembrado, ya sea que hayamos sido conscientes o no de que
> las sembramos. El principio sigue vigente hoy. Para superar los
> problemas de la vida, alcancemos nuestro potencial en la vida
> y veamos cómo nuestra vida se vuelve fructífera, se multiplica,
> se repone (es decir, en salud, finanzas, renovación espiritual,
> familia, y en todo nuestro ser), determinemos seguir la ley de
> Dios de la siembra y la cosecha.[1]
>
> —Jack Hayford

Estamos continuamente sembrando las semillas y viviendo la cosecha.
Esto puede ser tanto positivo como negativo. Por ejemplo, si criticamos,
calumniamos y destruimos a otros, estamos sembrando semillas tóxicas.
Si enaltecemos a otros, oramos por ellos y liberamos perdón, incluso
cuando nos hacen daño, estamos sembrando misericordia. Es necesario
entender el poder de estas leyes espirituales.

Mientras exista la tierra, la ley de la siembra y la cosecha estará vigente.
Sembraremos y cosecharemos continuamente. Sembrar o liberar la semilla podría parecer al momento un decrecimiento, pero en realidad es el
comienzo de un gran avance y crecimiento. Esto no podría ser más valido
que en el caso nuestro llamado y asignación espiritual. Habrá momentos

en que tendremos que liberar ciertas ambiciones y deseos. En esos momentos se siente como si estuviéramos decreciendo, pero en realidad estamos siendo preparados para alcanzar nuevos niveles de gloria y gracia.

El principio de la semilla es perpetuo. Es la ley de Dios aquí en la tierra. ¡No olvidemos que nuestra misión principal es representar el cielo en la tierra! Fuimos llamados a representar, administrar y liberar el Reino de los cielos.

> "Venga tu Reino. Hágase tu voluntad, como en el cielo, así también en la tierra".
>
> —Mateo 6:10

El mandato de nuestra vida es manifestar el Reino de Dios en toda su gloria. Nacemos para ser ciudadanos del Reino. Somos llamados a reflexionar y movernos en los caminos del Reino. Cuando la gente trate con nosotros, debería ver y experimentar el Reino de Dios.

La siembra y la cosecha son leyes del Reino que también gobiernan el cielo. Nuestra experiencia con estas leyes es una manifestación del protocolo celestial. Jesús tuvo que descender a las profundidades del infierno (ser plantado) para poder resucitar y hacer que una multiplicidad de hombres y mujeres alcanzaran el conocimiento salvífico de la gracia y la salvación. Su destino era hacer la voluntad del Padre.

Jesús decreció momentáneamente en la cruz. Pero este decrecimiento no fue nada en comparación con la cosecha de almas que produciría. Muchos se salvan diariamente debido a este acto único de obediencia. Acceder a un decrecimiento momentáneo puede tener resultados que afecten a generaciones.

Esto forma parte del mandato del cielo en la tierra. Yo siempre pienso en los planes globales de Dios cuando leo el Padrenuestro. Pienso en la voluntad de Dios para las naciones y en su promesa del conocimiento de su gloria extendiéndose por todo el planeta. Aunque esas imágenes son buenas, hay una aplicación práctica mucho más profunda y personal del Padrenuestro. "Venga tu reino. Hágase tu voluntad, como en el cielo, así también en la tierra [en el polvo]" (Mateo 6:10). ¿De qué estamos hechos?

> "Entonces Jehová Dios formó al hombre del polvo de la tierra, y sopló en su nariz aliento de vida, y fue el hombre un ser viviente".
>
> —Génesis 2:7

¡El hombre fue hecho del polvo de la tierra! Fuimos creados de la tierra para llevar el ADN del cielo en nosotros, de manera que brotara por doquier. El cielo debería extenderse a todos los lugares a los que vamos, no solo en los servicios religiosos, sino en el mercado, en el sistema educativo, en los medios de comunicación, y en cada faceta de la vida donde los creyentes están presentes. Así es como la gloria de Dios puede abarcar la tierra. ¡Primero debe abarcarnos a nosotros!

La gloria de Dios nos ayuda a responder que sí porque entendemos que nuestro tiempo, nuestro dinero, nuestras palabras, nuestras acciones y nuestra propia vida, son semillas. Somos portadores de semillas, y podemos plantar con un alta expectativa de cosecha.

> "Generación va, y generación viene; mas la tierra siempre permanece".
>
> —Eclesiastés 1:4

Generaciones van y generaciones vienen, pero las leyes del espíritu permanecen. Se sembrarán semillas, y vendrán cosechas. Creemos estas palabras, pero, ¿qué pasaría si esto se pudiera en práctica? ¿Qué pasaría si nos tomáramos tan en serio esto de entregarnos y sembrar, que viviéramos con ello en mente cada día? Creo que entraríamos en una dimensión de victorias y resultados inusitados.

En muchos sentidos, el Reino de Dios es un reino al revés.

"Así, los primeros serán postreros, y los postreros, primeros;
porque muchos son llamados, mas pocos escogidos".

—Mateo 20:16

Los primeros serán postreros, y los postreros, primeros. El orden de
Dios no es como el de los hombres. La sabiduría y los caminos de Dios
no son como los nuestros. Podemos experimentar algo que puede parecer
una contrariedad, cuando en realidad es un ajuste para bien. La Biblia nos
dice que antes de la cosecha viene la siembra. Debemos despojarnos de
algo en sacrificio y quizás con dolor para poder experimentar una cosecha
abundante. Si estamos siendo guiados por la sabiduría humana, ¡nunca
lo haremos! Cuando morimos a nuestra propia vida, encontramos la vida
de Dios. La palabra nos insta a humillarnos, para que Dios nos exalte.
Todas estas leyes del Reino contradicen los caminos del hombre. Por eso
debemos ser buscadores de Dios. Necesitamos su sabiduría y revelación
para cumplir nuestro destino divino.

Debemos discernir el misterio del decrecimiento momentáneo. Jocabed
dio a luz a Moisés, y lo puso a disposición de Dios para que cumpliera el
propósito divino. Moisés renunció a su posición y sus privilegios. Sembró
en su vida y Dios lo exaltó en su gloria. Esta es una enseñanza profética
para nosotros. Cuando sembramos, liberamos la gloria de Dios. Al asumir
el proceso de siembra, nos preparamos para cosechar la gloria, el poder y
el servicio del Reino. Cumplimos la voluntad del Dios del cielo en la tierra a través de nuestra vida diaria. Que nuestro *sí* sea un catalizador para
que el Reino de Dios obre en nosotros y a través de nosotros.

Oración profética

Señor, te agradezco por la siembra y la cosecha. Vivo como una semilla plantada en tu Reino. Decreto que soy obediente. Decreto que escucho tu voz, discierno tu dirección y asumo el proceso de crecimiento. Ayúdame a aumentar mi nivel de entrega, Señor. Ayúdame a ser fiel y obediente a todo lo que me has llamado a hacer. Ayúdame a albergar tu gloria en mi vida. Permite que venga tu Reino en mí y por mí. Que se haga tu voluntad en cada aspecto de mi vida. En el nombre de Jesús, amén.

Yo decreto sobre usted...

Decreto el cielo en la tierra en su vida. Decreto una cosecha milagrosa en su vida. Decreto crecimiento y poder. Declaro que usted es obediente a la voz de Dios y rápido para seguir sus indicaciones. Lo veo actuar en otro nivel de la gloria. Lo veo irrumpir y prosperar. Invoco unción de victoria en su vida. Invoco un gran poder en su vida. Ato todo espíritu de duda e incredulidad, y declaro que camina por fe y no por vista. Usted está decidido. Usted no tiene miedo. Usted desea la gloria, y responde rápidamente cuando recibe el llamado del cielo. En el nombre de Jesús, amén.

Para reflexionar

- ¿He dejado sinceramente mis planes para procurar los planes que Dios tiene para mí?
- ¿Ha mi fe aniquilado el miedo y eliminado la parálisis espiritual?

- ¿He fortalecido y extendido mi fe para poder recibir las promesas de Dios?
- ¿He decrecido para que Dios pueda ser exaltado en mí?
- ¿He entregado mis planes para adoptar los planes de Dios?
- ¿Reflejo el Reino de Dios en mi trato hacia los demás?
- ¿Siembro semillas de gracia y misericordia o semillas tóxicas?
- ¿Soy realmente un buscador de Dios? ¿Sigo sus caminos?

EL MISTERIO DEL FUEGO

TODO LIBERTADOR PASA primero por el fuego. La presencia del fuego es la validación del llamado. El fuego es incómodo y crea una sensación de muerte, pero quema todo aquello que potencialmente retiene el poder y la gloria de Dios. Por medio del fuego, Dios confirmó el llamado a Moisés y cumplió las oraciones de Jocabed. Todo libertador pasa por cuatro tipos de fuego, los cuales explicaré en este capítulo. No entender bien lo que representan estos fuegos, puede hacer que no comprendamos cabalmente lo que está ocurriendo en nuestra vida.

¡Los libertadores son llamados a blandir el fuego de Dios y destruir los poderes del infierno! La liberación prende fuego a las obras del enemigo. Juan el Bautista fue uno de los profetas más importantes de la Biblia, algunos incluso dicen que fue *el más* importante. Pensemos en ello. No hay registro bíblico de que Juan haya hecho ningún tipo de predicción profética, ¡sin embargo, Jesús se refiere a él como un gran profeta!

> "De cierto os digo: Entre los que nacen de mujer no se ha levantado otro mayor que Juan el Bautista; pero el más pequeño en el Reino de los cielos, mayor es que él. Desde los días de Juan el Bautista hasta ahora, el Reino de los cielos sufre violencia, y los violentos lo arrebatan. Porque todos los profetas y la ley profetizaron hasta Juan".
>
> —Mateo 11:11–13

Juan tuvo un papel único en la historia. Fue el que anunció al Señor Jesús y profetizó el comienzo del nuevo pacto. Juan cerró la brecha entre lo antiguo y lo nuevo. En versículos en Mateo, Jesús no estaba elogiando el talento o la capacidad personal de Juan, sino su papel en la transición histórica y su anuncio de Jesús.

Como profeta, Juan llamó al pueblo de Dios al arrepentimiento y preparó el camino del Señor. Marcó el comienzo de una nueva era cuando Jesús apareció en escena, manifestando el Reino de Dios y preparando para la crucifixión.

> "En aquellos días vino Juan el Bautista predicando en el desierto de Judea, y diciendo: Arrepentíos, porque el Reino de los cielos se ha acercado. Pues este es Aquel de quien habló el profeta Isaías, cuando dijo: Voz del que clama en el desierto: Preparad el camino del Señor, enderezad sus sendas. Y Juan estaba vestido de pelo de camello, y tenía un cinto de cuero alrededor de sus lomos; y su comida era langostas y miel silvestre. Y salía a él Jerusalén, y toda Judea, y toda la provincia de alrededor del Jordán, y eran bautizados por él en el Jordán, confesando sus pecados".
>
> —Mateo 3:1–6

Juan vivía una vida básica y predicaba un mensaje novedoso. Llamaba a los hombres a arrepentirse de sus pecados, y los bautizaba en el río Jordán. En esto consistía la obra de preparación para la crucifixión del Señor de la gloria.

Juan no era políticamente correcto. No era un producto del sistema religioso de la época. Era un profeta del desierto con una claridad fuera de lo común y poseedor de un fuego radical. Su comida era tan extravagante como su pasión por predicar. No era un tipo educado, pero Dios lo mantuvo en un lugar secreto para anunciar al Señor.

Juan también llevaba el fuego de Dios. Fue levantado por Dios para marcar el final de un sistema religiosos legalista. La ley solo enseñaba a los hombres lo perdidos y vencidos estaban. Nadie podía cumplir la ley al pie de la letra, por lo que la gracia era imperativa. Dios usó a Juan para darle un golpe de gracia a ese sistema antiguo y preparar los corazones de los hombres para un nuevo sistema.

El papel de los profetas es anunciar cosas nuevas, causar revuelo, hablar de temas difíciles. Los profetas no buscan popularidad, pero intentan agradar al Señor y administrar su gloria. Fueron llamados a anunciarlo y a dirigir los corazones de los hombres a Él.

Los profetas a menudo son maltratados y poco entendidos, pero se complacen en satisfacer al Señor y solo a Él. Los profetas experimentados tienen la piel gruesa y pueden soportar los ataques del infierno. Deben hacerlo, especialmente porque están llamados a ser guerreros espirituales.

> "Al ver él que muchos de los fariseos y de los saduceos venían a su bautismo, les decía: ¡Generación de víboras! ¿Quién os enseñó a huir de la ira venidera? Haced, pues, frutos dignos de arrepentimiento, y no penséis decir dentro de vosotros mismos: A Abraham tenemos por padre; porque yo os digo que Dios puede levantar hijos a Abraham aun de estas piedras. Y ya también el hacha está puesta a la raíz de los árboles; por tanto, todo árbol que no da buen fruto es cortado y echado en el fuego. Yo a la verdad os bautizo en agua para arrepentimiento; pero el que viene tras mí, cuyo calzado yo no soy digno de llevar, es más poderoso que yo; Él os bautizará en Espíritu Santo y fuego. Su aventador está en su mano, y limpiará su era; y recogerá su trigo en el granero, y quemará la paja en fuego que nunca se apagará".
>
> —Mateo 3:7–12

Juan reprendió decididamente a los guardianes del viejo sistema, y esto formaba parte de su ADN como profeta. Su llamado consistía en revelar a Jesús y anunciar su llegada. ¡Era un hombre acostumbrado a anunciar cambios de pactos y de eras! Estaba testificando del señorío de Jesús.

Juan anunció el bautismo en fuego, así como la obra venidera de Jesús y del Espíritu Santo. El fuego de Dios prendería fuego a una generación y pondría en marcha a la *ekklesia* como fuerza en la tierra. Juan conocía y entendía bien el fuego de Dios. Era un libertador y todo libertador pasa por el fuego, como un requisito de su vocación. Debemos tener el fuego de Dios en nuestra vida.

Moisés conocía el fuego de Dios. Fue llamado a traer la liberación a una nación y una generación. Estaba en el desierto agotado cuando el poder de Dios apareció en medio del fuego. Dios reconoce a los libertadores en presencia del fuego.

El fuego de Dios purga y acelera nuestra vida. De hecho, encontramos una nueva dimensión de Dios en medio del fuego. El fuego es el instrumento elegido en preparación para nuestro destino.

> "Porque nuestro Dios es fuego consumidor".
> —Hebreos 12:29

¡Dios es fuego consumidor! La presencia de Dios abrasa a las personas, espiritualmente hablando. No solo se encuentran con el fuego o lo ven, sino que son arrastradas al fuego y son consumidas. Es como que el fuego nos tragara. Imaginemos que nuestra vida está totalmente rodeada por el fuego de Dios.

¿Qué pasaría? Cambiaría nuestra manera de pensar. Actuaríamos diferente. Cambiaría nuestra pasión. Esta es la misión del fuego de Dios en nuestra vida: Dios lo envía como el combustible para una transformación completa.

Jamás olvidaré uno de mis primeros encuentros con el fuego de Dios. Yo estaba joven y recién convertido. Dios me estaba limpiando del pecado y de la aflicción. Pasaba horas "en la alfombra" (acostado solo, con el rostro en el suelo) orando y llorando delante de Dios. Cuanto más lo buscaba, más era mi sed de Él. Lo único que podía satisfacer mi búsqueda era la presencia de Dios.

Una mañana fui a la iglesia y el espíritu de profecía vino sobre mí. Podía sentir el poder de Dios subir desde mi vientre, ¡y me esforcé en mantenerlo a raya! Yo no sabía nada sobre el ministerio profético y me sentí avergonzado, pero había estado orando con un pequeño grupo de oración en la iglesia que me había alentado en lo profético.

¡Le dije al Señor que solo aceptaría el don si Él me daba un mensaje claro al respecto! Esta no es una buena idea, porque debemos dejarnos guiar por el Espíritu de Dios y no por señales externas. Las señales externas pueden servir como confirmación, y yo creo en señales, pero la principal guía la recibimos en nuestro hombre espiritual. Además, en el ministerio público profético, debemos seguir el orden del lugar en el que estamos y obedecer la autoridad.

> "Sométase toda persona a las autoridades superiores; porque no hay autoridad sino de parte de Dios, y las que hay, por Dios han sido establecidas".
>
> —Romanos 13:1

Después de mi tonta oración, el pastor dijo que sentía que alguien tenía una palabra profética. Miré a mi alrededor, y nadie respondió. ¡Esa era la señal! Yo seguía asustado. Pero como era un hombre de fe, le pedí a Dios que por favor hiciera algo más que fuera aún más obvio. El pastor hizo otro llamado, esta vez revelando que la persona con la palabra profética jamás había profetizado. Describió lo nerviosa que estaba la persona y describió mi batalla interna a la perfección. Finalmente, respondí temblando y asustado, pero haciendo todo lo posible para obedecer a Dios.

Me invitó a pasar. Cerré los ojos y comencé a profetizar. No puedo decir lo que salió de mi boca ese día, pero lo que sí puedo decir es que brotó de mi vientre como un río. Dios me estaba adiestrando en el ministerio público profético. Cuando abrí los ojos, la gente estaba arrodillada, inclinándose, temblando y llorando en todo el santuario. Algunos aún estaban de pie, pero el fuego de Dios obviamente había golpeado el lugar de la misma manera en que me había golpeado el vientre. Ese fue el comienzo de un ministerio marcado por el fuego. Dios me lanzó en el fuego.

CUATRO TIPOS DE FUEGO

La liberación exige fuego. Nuestra vida necesita el fuego de Dios. La formación de nuestro destino requiere de varios tipos de fuego.

1. El fuego de prueba:

> "Amados, no os sorprendáis del fuego de prueba que os ha
> sobrevenido, como si alguna cosa extraña os aconteciese, sino
> gozaos por cuanto sois participantes de los padecimientos de
> Cristo, para que también en la revelación de su gloria os gocéis
> con gran alegría".
>
> —1 Pedro 4:12–13

Si somos libertadores, pasaremos a través del fuego de prueba. El enemigo se aparecerá para analizar nuestra fe y poner a prueba nuestra resolución, y sacudirá todo lo que pueda sacudir para ver si actuamos. Esta es una vieja técnica suya, pero el poder de Dios puede hacer que nos mantengamos en pie.

Alegrémonos cuando llegue la resistencia. Yo le digo a la gente que su guerra espiritual es una confirmación. En lugar de sentirnos tristes y desanimados, debemos alegrarnos. Si el enemigo no nos amenaza, es porque no le estamos causando daño espiritual. Todo llamado exige tenacidad. Con la gracia y el poder de Dios, debemos resistir al enemigo y seguir adelante. La Biblia dice que el Señor es nuestro pronto auxilio en las tribulaciones.

> "Dios es nuestro amparo y fortaleza, nuestro pronto auxilio en
> las tribulaciones. Por tanto, no temeremos, aunque la tierra
> sea removida, y se traspasen los montes al corazón del mar;
> aunque bramen y se turben sus aguas, y tiemblen los montes
> a causa de su braveza. Del río sus corrientes alegran la ciu-
> dad de Dios, el santuario de las moradas del Altísimo. Dios

> está en medio de ella; no será conmovida. Dios la ayudará al
> clarear la mañana".
>
> —Salmo 46:1–5

¡El poder de Dios nos protegerá y preservará! Él evitará que nos alejemos de la promesa del cielo si elegimos alabarlo y glorificarlo, independientemente de lo que diga el infierno. Cuando el fuego de prueba nos aceche, Dios tiene el poder del Espíritu Santo para sostenernos. Si nos mantenemos firmes en alabanza y nos negamos a renunciar, lograremos la victoria con un poder y autoridad que no teníamos antes.

2. El fuego refinador

> "Y meteré en el fuego a la tercera parte, y los fundiré como se
> funde la plata, y los probaré como se prueba el oro. El invocará
> mi nombre, y yo le oiré, y diré: Pueblo mío; y él dirá: Jehová
> es mi Dios".
>
> —Zacarías 13:9

El fuego de Dios refina; quema las impurezas. Esta es una de las bendiciones más maravillosas de la vida, pasar por la purificación del fuego. Nuestra carne arderá y se chamuscará, pero esto es necesario para llegar a donde Dios nos quiere llevar. Cuando le pedimos fuego al cielo, este nos limpia.

Todo libertador debe carecer de inseguridad, ambición y orgullo, y ese es el papel del fuego refinador. Pedro negó conocer a Jesús tres veces, pero después del fuego de Dios en el aposento alto, Pedro se libró del miedo y predicó a Jesús a las masas. El fuego refinador transformará totalmente.

3. El fuego y la gloria de Dios

> "Entonces Moisés subió al monte, y una nube cubrió el monte.
> Y la gloria de Jehová reposó sobre el monte Sinaí, y la nube

lo cubrió por seis días; y al séptimo día llamó a Moisés de en medio de la nube. Y la apariencia de la gloria de Jehová era como un fuego abrasador en la cumbre del monte, a los ojos de los hijos de Israel. Y entró Moisés en medio de la nube, y subió al monte; y estuvo Moisés en el monte cuarenta días y cuarenta noches".

—Éxodo 24:15–18

Este es uno de los tipos de fuego más resplandecientes. El fuego y la gloria de Dios llegan, permanecen y atraen a los libertadores a adentrarse más profundamente en su grandeza. Es un fuego permanente, un fuego que nos atrae a la persona de Jesús en toda su gloria.

Durante cuarenta días, Moisés quedó atrapado en el resplandor de Jehová. No hay mención alguna de que haya comido o bebido. El fuego y la gloria de Dios anularon las leyes naturales y proporcionaron posibilidades ilimitadas.

Creo que Dios quiere comisionar a una generación en su fuego y su gloria. Hay un aspecto del fuego y la gloria relacionado con nuestra tarea. Cuando el fuego y la gloria nos envuelven, se apodera de nosotros un empeño indetenible. Pido a Dios que podamos ver el fuego y la gloria de Dios en nuestro medio, de una manera que nos transforme para siempre.

4. El fuego profético

"Y dije: No me acordaré más de Él, ni hablaré más en su nombre; no obstante, había en mi corazón como un fuego ardiente metido en mis huesos; traté de sufrirlo, y no pude".

—Jeremías 20:9

Las palabras de Jeremías reflejan el poder de su ardiente unción profética. Si tratamos de suprimir la palabra del Señor en un profeta o en alguien con el don de profecía, se convertirá en un fuego reprimido. Pero hay que liberar ese fuego. Hombres y mujeres con el don de profecía en toda la tierra tienen ese ardor profético reprimido.

Jeremías pudo haber tratado de alejarse de su mandato profético, pero no pudo. Algo ardía en su vientre. Algo se agitaba, y era demasiado para contenerlo. No podía apagar el fuego eruptivo, profético.

Que Dios levante a una generación de profetas y de personas con el don de profecía que guarden la revelación de la palabra de Dios de manera decidida, sincera e íntegra. ¡Qué prendan en fuego regiones y naciones!

Cuando leemos sobre el encuentro de Moisés con la zarza ardiente, nos emocionamos. Oramos y le pedimos a Dios que nos dé una señal semejante. Un día, me encontraba reflexionando en este asunto y el Señor comenzó a hablarme.

Me dijo que muchos piden *ver* una zarza ardiente, pero que Él lo que desea es que se *conviertan* en una zarza ardiente. Moisés fue un santo del Antiguo Testamento que vivía bajo un pacto diferente. En ese momento, Dios estaba afuera de los hombres y las mujeres, obrando a través de circunstancias externas para guiarlos y dirigirlos. Jesús, por el contrario, vino para que Dios pudiera vivir en los corazones de los hombres y las mujeres.

> "Así que, hermanos, os ruego por las misericordias de Dios, que presentéis vuestros cuerpos en sacrificio vivo, santo, agradable a Dios, que es vuestro culto racional".
>
> —Romanos 12:1

Se nos exhorta a ofrecer nuestros cuerpos como un sacrificio vivo. Somos llamados a colocarnos en medio del fuego. Debemos tener el fuego en nosotros, sobre nosotros, y emanando de nosotros. Este es el bautismo de fuego que Juan profetizó. No es solo un encuentro externo, sino una inmersión total.

La voz del Dios estaba en la zarza ardiente. Dios habló a través de un árbol encendido en fuego. Creo que Jesús quiere que nos convirtamos en árboles ardientes, vivos, que respiran y albergan el fuego de su presencia.

Nuestra vida debe albergar su llama para que su voz se escuche de manera fuerte y clara a través de nosotros.

Este es el misterio del fuego. El fuego de Dios nace en nosotros para liberar a Jesús a través de nosotros. Tal vez estamos pasando por una incómoda combustión; podemos estar experimentando pruebas ardientes; pero todo eso nos está llevando a alcanzar un propósito y una entrega más profundos. Debemos familiarizarnos con el fuego. ¡Los campeones se forman en el fuego!

Oración profética

Padre, te agradezco por tu fuego radical y limpio en mi vida. Me someto a tu fuego. Reclamo el fuego de la liberación en mi vida. Reclamo el fuego del avivamiento en mi vida. Reclamo tu fuego purificador en mi vida. Te agradezco, porque soy portador del fuego y porque tu gloria emana de mi vida. Te agradezco, porque tengo tu fuego en cada aspecto de mi vida. En el nombre de Jesús, amén.

Yo decreto sobre usted...

Decreto el fuego santo en su vida. Decreto fuerza y resistencia para que usted pase través del fuego purificador y las pruebas de fuego. Declaro que usted no va a renunciar. No retrocederá y nada lo derrotará. Decreto que el fuego de Dios sobre usted liberará su valentía. Decreto que su vida es una plataforma para que el fuego y la voz de Dios hablen a los demás. Decreto el bautismo de fuego en su vida. En el poderoso nombre de Jesús, amén.

PARA REFLEXIONAR

- ¿Vivo Romanos 12:1 como un sacrificio vivo para mi Señor?
- ¿He rendido mi vida, mis ambiciones y mis sueños a Dios?
- ¿Se ha formado Cristo en mí o aún busco justificar el hecho de que eso no ha pasado?
- ¿Murmuro y me quejo, o soy una voz para Dios?
- ¿He permitido que el fuego de Dios me refine?
- ¿Soy un cristiano relajado o soy una zarza ardiente?
- ¿Está mi destino formado y validado en el fuego?
- ¿Estoy comprometido a alabar y magnificar a Dios incluso en medio de las pruebas?

Capítulo 15

EL MISTERIO DEL
DESPERTAR PERSONAL

RENTE A LA zarza ardiente, se despertaron los planes y propósitos latentes en el corazón de Moisés, que era todo aquello por lo que Jocabed había luchado. Muchas veces, luego de una temporada en el desierto, sentimos como si hubiéramos perdido la visión del llamado radical en nuestra vida. En los momentos de despertar personal, retomamos esa visión y misión adecuadamente.

Muchas veces nos convertimos en creyentes superficiales, movidos por nuestras propias circunstancias humanas. Si bien somos seres humanos con pensamientos, sentimientos y experiencias, también debemos vivir con la mirada puesta en lo eterno y no en lo temporal.

"Pero teniendo el mismo espíritu de fe, conforme a lo que está escrito: Creí, por lo cual hablé, nosotros también creemos, por lo cual también hablamos, sabiendo que el que resucitó al Señor Jesús, a nosotros también nos resucitará con Jesús, y nos presentará juntamente con vosotros. Porque todas estas cosas padecemos por amor a vosotros, para que abundando la gracia por medio de muchos, la acción de gracias sobreabunde para gloria de Dios. Por tanto, no desmayamos; antes aunque este nuestro hombre exterior se va desgastando, el interior no obstante se renueva de día en día. Porque esta leve tribulación momentánea produce en nosotros un cada vez más excelente y eterno peso de gloria; no mirando nosotros las cosas que se ven, sino las que no se ven; pues las cosas que se ven son temporales, pero las que no se ven son eternas".

—2 Corintios 4:13–18

El espíritu de fe nos permite ver mucho más allá de la tribulación momentánea. Nos elevamos por sobre aquello que sentimos, vemos y oímos para apoyarnos de manera decidida en la Palabra de Dios.

Mientras avanzamos por la fe, declaramos la Palabra de Dios. Hablamos de lo que dice el cielo sobre nosotros, nuestra familia, nuestro llamado y nuestra vida. No le damos lugar al enemigo murmurando y quejándonos, aunque nuestra carne sienta la tentación de hacerlo en un momento dado.

CON CONSECUENCIAS ETERNAS

Al final de esta cita se nos da una clave. Pablo instruye a la iglesia en Corinto a mirar las cosas que eternas y no las temporales. Pensemos en la verdad simple pero profunda revelada en esta declaración. ¿No es este el objetivo principal del viaje? ¿No se supone que debemos vivir como discípulos de Cristo, como personas que están *en* este mundo pero no son parte *de* él? ¿No es ese el verdadero objetivo de nuestra vida?

¿Cómo sería nuestra vida si cada mañana nos despertáramos evaluando nuestra huella en la eternidad? ¿Qué pasaría si en lugar de enfocarnos en el trabajo, las oportunidades o el automóvil correctos (que ciertamente pueden ser importantes en relación con la vida y la familia), retomáramos aquello que es eterno?

¿Cómo se aplica esto a Moisés en la zarza ardiente? Él se había conformado con una vida "normal" muy apartada de la misión real que Dios le había encomendado como libertador. Jocabed no lo escondió y lo puso en el río para que terminara cumpliendo el papel de un vagabundo. Ella oró, escuchó a Dios, y lo puso en el río en el momento perfecto. El favor de Dios se manifestó, y Moisés terminó viviendo en la casa del Faraón. Esto representó un cambio completo y radical. ¡Pasó de ser cazado por el palacio a ser protegido por los cazadores! ¡Cuán grande es el poder de Dios!

"Entonces su hermana dijo a la hija de Faraón: ¿Iré a llamarte una nodriza de las hebreas, para que te críe este niño? Y la hija de Faraón respondió: Ve. Entonces fue la doncella, y llamó a la madre del niño, a la cual dijo la hija de Faraón: Lleva a este niño y críamelo, y yo te lo pagaré. Y la mujer tomó al niño y lo crio. Y cuando el niño creció, ella lo trajo a la hija de Faraón, la cual lo prohijó, y le puso por nombre Moisés, diciendo: Porque de las aguas lo saqué".

—Éxodo 2:7–10

Dios preparó todo el asunto. Jocabed lanzó a Moisés al río como una semilla. Dios le dio el valor de renunciar a su amado bebé. Solo Dios pudo haber orquestado todo tan perfectamente, para que ocurriera en el momento adecuado. Jocabed se convirtió entonces en la niñera de Moisés. Se le dio el regalo de estar en la vida de su hijo y de atenderlo como una madre lo haría con su bebé.

Ella llevó a cabo estos sacrificios, consciente del llamado de Dios sobre la vida de Moisés. La unción de Jocabed requiere dar pasos decisivos y radicales para obedecer a Dios. La unción de Jocabed es profética, ya que actúa bajo la dirección de la voz de Dios. La unción de Jocabed anuncia la gloria que da a luz liberación y liberadores.

Moisés fue llamado a liderar un pueblo y una nación, pero terminó lejos de su lugar de asignación. Necesitaba un despertar personal. Cuando la vida nos golpea y el enemigo arremete contra nosotros, es fácil perder el norte. Podemos terminar como Moisés, aislados y confundidos, vagando por los lugares desolados.

¿Qué fue lo que cambió el rumbo espiritual en la vida de Moisés? Dios se manifestó a través del fuego, de su gloria y con su propia voz. Moisés tuvo un despertar personal. Despertó a los planes de Dios, a un hambre espiritual y a la voz profética de Dios.

¡Cómo necesitamos nosotros un despertar personal! No es suficiente que Dios toque a todos los que nos rodean. Necesitamos el toque de Dios en nuestra propia vida. Necesitamos estar hambrientos y sedientos del Dios vivo. Necesitamos impartición y visión nuevas para nuestra vida. Necesitamos que la unción fluya como un río para destruir todos los yugos que el demonio mentiroso nos ha impuesto.

UNGIR NUESTROS OJOS

"Por tanto, yo te aconsejo que de mí compres oro refinado en fuego, para que seas rico, y vestiduras blancas para vestirte, y que no se descubra la vergüenza de tu desnudez; y unge tus ojos con colirio, para que veas".

—Apocalipsis 3:18

Necesitamos una unción nueva sobre nuestros ojos. Si Dios unge nuestros ojos con aceite fresco, podremos ver claramente sus propósitos y su mandato para nuestra vida. En el libro de Apocalipsis, el Señor Jesús exhorta a un pueblo satisfecho y complaciente a ungir sus ojos. Al igual que Samuel en el Antiguo Testamento, la iglesia de Laodicea había perdido la visión.

Si el enemigo nos priva de la visión, puede derrotarnos. Él quiere apagar nuestra visión espiritual y disminuir nuestra pasión por ver en el espíritu. Él quiere que tropecemos en la oscuridad porque los demonios se esconden al amparo de la oscuridad.

Este despertar personal avivará nuestra visión profética y Dios hará que tengamos sueños y visiones a medida que comience a revelar su misión y su futuro.

Durante mis años de estudios bíblicos a nivel universitario, cuando era joven, tuve un encuentro increíble con Dios. De repente, fui arrastrado al ámbito de la gloria y Jesús comenzó a hablarme. Me habló sobre mi propósito y mi mandato. Me habló de la misión de mi vida. Me habló sobre el poder de su Espíritu.

En medio de ese encuentro, mis ojos espirituales comenzaron a ver. Vi el futuro. Vi mi vida y lo que Dios quería que construyera. Esta visión se convirtió en el marco de todo mi ministerio. Aún me estoy asociando con el cielo para llevar a cabo los planes que me ordenó.

Yo no me despierto en las mañanas tratando de encontrar un propósito. Me despierto lleno de oportunidades y prioridades a medida que vivo la visión de Jesús para mi vida. ¡Mucha gente se encuentra oprimida y recaída porque olvidaron la visión de su vida! Regresaron a aquello de lo cual Dios los sacó. Este es el resultado de la carencia de visión espiritual. Las personas espiritualmente ciegas no saben dónde van.

> "Pero les ha acontecido lo del verdadero proverbio: El perro vuelve a su vómito, y la puerca lavada a revolcarse en el cieno".
> —2 Pedro 2:22

Este versículo habla de falsos maestros y ministros engañosos, pero también es válido para los descarriados. La misión del infierno es apagar la visión de Dios en nuestra vida; tratar de que regresemos a aquello de lo cual Jesús nos liberó. De hecho, este es siempre el objetivo de los ataques espirituales: restaurar la esclavitud de la que fuimos liberados. ¡El infierno actúa para hacer que el pueblo de Dios se rinda! Por eso no podemos permitirnos vivir con un espíritu de sueño. Necesitamos mantenernos activos y alertas en el ámbito espiritual. Necesitamos un despertar personal.

> "Sed sobrios, y velad; porque vuestro adversario el diablo, como león rugiente, anda alrededor buscando a quien devorar".
> —1 Pedro 5:8

LA INTIMIDAD CON DIOS PRODUCE UN DESPERTAR

Hace unos años, formé parte de un movimiento espontáneo y fenomenal en el que Jesús salvó, sanó y liberó a muchos. El Señor encendió ciertamente un fuego espiritual en ese lugar, y fue glorioso formar parte de ello.

Yo asistí simplemente para apoyar las reuniones, pero tuve el privilegio de estar justo en medio de lo que Dios hizo.

Durante ese tiempo, descubrí algo: cuanto más experimentaba a Jesús, más ansiaba su presencia. Recuerdo que a todos les contaba la clave para el avivamiento y el despertar. Muchas veces oramos por las naciones, las iglesias y las personas; imploramos en voz alta que Dios envíe un despertar y un avivamiento; pero nuestra propia visión y pasión son tenues.

Durante estas reuniones, varias veces dibujé un círculo alrededor de mí mismo con el dedo y dije: "¡El avivamiento comienza a aquí!". Mi petición al Señor era que me encendiera. ¡Quería un despertar en mi vida!

Noche tras noche, mientras ministraba en esas reuniones, me inclinaba hacia el Señor. Procuré conocer su voluntad y su plan, no solo para la gente, sino también para mí. Muchas veces estuve boca abajo en el suelo, clamando a Jesús. ¡Dios nos llama a despertar a nivel personal! Cada uno de nosotros debe desear que la voluntad del Señor se manifieste diariamente en los aspectos más sencillos de la vida.

¿Cómo se manifestaría un despertar en nuestra familia? ¿Qué pasaría si comenzáramos a vivir el Reino de Dios en el trabajo o en el mercado? ¿Cómo se verían afectadas nuestras relaciones y actividades si tuviéramos una mayor conciencia de la presencia de Jesús y del plan de Dios para nuestra vida?

Dios urgió a Moisés a retomar su propósito y lo instó a regresar a sus planes e intenciones. Al despertar a Moisés, Dios irrumpió en su corazón endurecido, en sus heridas, en sus frustraciones y sus miedos. Moisés tenía una lista de excusas, pero la resplandeciente gloria de Dios las consumió a todas. Creo que Él quiere hacer lo mismo con nosotros.

Él quiere iniciar ese despertar personal. Él quiere consumir cada uno de nuestros miedos y avivar los fuegos del destino eterno en nosotros. Él quiere respirar sobre viejas visiones y propósitos ocultos. Él quiere restaurar el estilo de vida del primer amor.

"Después oí la voz del Señor, que decía: ¿A quién enviaré, y quién irá por nosotros? Entonces respondí yo: Heme aquí, envíame a mí".

—Isaías 6:8

Durante el espectacular encuentro de Isaías con el Señor, él dijo en oración: "Heme aquí, envíame a mí". Esta oración es un catalizador para el despertar personal. Pidámosle al Padre que nos envíe donde necesitamos ir. Una de mis oraciones favoritas es pedirle que ordene mis pasos. Yo agradezco al Señor porque Él lo hace, y oro para que me dirija. Él puede enviarme donde Él crea conveniente. Esta es una oración que abre la puerta al despertar personal.

Permitamos que Dios respire y revele dónde necesitamos estar, con quién necesitamos relacionarnos y cuál es su misión para nosotros. Dejemos nuestras ideas preconcebidas a los pies de Jesús. El hambre, la pasión, la oración ferviente, la obediencia, la entrega y la visión profética son todos ingredientes del despertar espiritual.

ORACIÓN PROFÉTICA

Señor, te agradezco por ungir mis ojos con tu colirio. Gracias por restaurar mi visión. Gracias porque veo tu belleza y majestuosidad. Gracias por despertar en mi vida, Señor. Despierta las partes de mí que necesitan ser despertadas. Me rindo ante ti y los planes que tienes para mí. Quiero vivir tu propósito para mi vida. Quiero vivir completamente rendido a ti y actuar para ti. Te agradezco por traer a mi vida las relaciones correctas, los planes correctos y el momento adecuado para mi destino. En el nombre de Jesús, amén.

Yo decreto sobre usted...

Decreto el fuego del avivamiento y el despertar en su vida. Decreto el fuego purificador de Dios. Decreto la gloria de Dios sobre usted y alrededor de usted. Decreto revelación y discernimiento. Libero una nueva unción sobre sus ojos y ordeno que se elimine toda la dureza del corazón. Le ordeno a su corazón que se sintonice con los planes del Padre. En el nombre de Jesús, amén.

Para reflexionar

- ¿Busco cada día a Dios en oración para conocer sus planes para mi vida?
- ¿Tengo hambre de un despertar y de un avivamiento personal?
- ¿Vivo mi vida sin celo ni fuego santos?
- ¿Me deprimo cuando estoy bajo ataque?
- ¿Comienzo a recordar el pasado cuando vienen las pruebas?
- ¿Le he permitido a Dios que consuma mis miedos?
- ¿Ayudo a avivar el fuego del destino eterno en mi vida?
- ¿Estoy realmente hambriento y sediento de Dios?

Capítulo 16

EL MISTERIO DE LA
LIBERTAD EN LA GLORIA

MOISÉS NO PODÍA actuar sin libertad. Las oraciones e intercesión de Jocabed le aseguraron su libertad. En su interacción con la gloria de Dios, recibió poder y liberación. A menudo pensamos en la gloria de Dios como una experiencia, pero es mucho más que eso. La gloria de Dios es la evidencia del Rey, es la presencia cercana de Dios, es el peso total de su Reino y el esplendor de su majestad. Aprendemos a luchar y vencer cuando estamos en la dimensión de la gloria. Esta es una verdad profética clave para los intercesores y guerreros. Es el misterio de la libertad en la gloria. La presencia de la gloria de Dios es la evidencia de que el Rey está en la habitación. Y si el Rey está presente, la libertad está presente. De hecho, ¡Jesús y la esclavitud no se mezclan!

"Te alaben, oh Jehová, todas tus obras, y tus santos te bendigan. La gloria de tu Reino digan, y hablen de tu poder, para hacer saber a los hijos de los hombres sus poderosos hechos, y la gloria de la magnificencia de su reino. Tu Reino es Reino de todos los siglos, y tu señorío en todas las generaciones".
—Salmo 145:10–13

¡La gloria de Dios está conectada a su Reino! No es posible experimentar la gloria de Dios sin las obras de su Reino. Cuando se manifiesta la auténtica gloria de Dios, el poder y la majestad de Jesús entran en la atmósfera. Cuando su poder y majestad entran, las entidades demoníacas comienzan a manifestarse.

He visto esto una y otra vez durante mi ministerio. La gloria de Dios desciende sobre una reunión, y de repente actúan los demonios. Se agitan por la presencia de la autoridad superior. Cuando la gloria llega a un lugar, el peso de Dios comienza a aplastar a los seres demoníacos.

> "Y el Dios de paz aplastará en breve a Satanás bajo vuestros pies. La gracia de nuestro Señor Jesucristo sea con vosotros".
> —Romanos 16:20

Pablo le escribió a la iglesia en Roma y le dijo que Dios aplastaría a Satanás bajo sus pies. Fue un decreto de poder y autoridad. Jesús impone su dominio sobre el enemigo. Él nos dio el poder de actuar como agentes autorizados de dominio y poder sobre las obras del infierno. Cuando aparece la gloria de Dios, la liberación estalla como un torrente sobrenatural. Ese es el fruto del Reino.

ABRACEMOS LA GLORIA

> "Voz de Jehová sobre las aguas; truena el Dios de gloria, Jehová sobre las muchas aguas. Voz de Jehová con potencia; voz de Jehová con gloria".
> —Salmo 29:3–4

La voz del Dios libera su poder. Cuando su voz truena, su decreto resuena con autoridad. Su voz lleva su gloria, que produce la libertad y liberación. Cuando recibimos su voz, recibimos el anuncio de su libertad.

Creo que esta es una de las razones por las que el enemigo odia a los profetas y las personas proféticas. Cuando hablan del Dios de gloria y anuncian sus planes, generan confusión en el campamento del enemigo. El enemigo odia a las iglesias y reuniones proféticas porque exponen sus esquemas ocultos.

La gloria radiante de Dios brilla con intensidad en medio de los lugares oscuros. La gloria de Dios trae iluminación, discernimiento y fortaleza. Somos fortalecidos en el ámbito de la gloria.

> Sin duda, entre las ocupaciones de Dios están: perdonar, exaltar ciudades, sanar territorios y dar las naciones y las partes más recónditas de la tierra como herencia. Para que su Reino se manifieste y ver su gloria en las tierras en las que estamos posicionados, muchas veces necesitamos hacer un compromiso de intercesión profética, hacer decretos proféticos y practicar la oración de guerra estratégica.
>
> —Rebecca Greenwood[1]

La respuesta de Dios a las ciudades, regiones y naciones que necesitan despertar y libertad es la presencia manifiesta de Dios. Cuando el Rey entra, la libertad se manifiesta y estalla el avivamiento. ¿Qué pasaría si cambiáramos el concepto que tenemos sobre la gloria de Dios y comenzáramos a darnos cuenta de que podemos luchar, ganar y prevalecer si nos mantenemos en medio de ella? ¿Y si creemos que la gloria de Dios nos da poder para obtener una libertad sin precedentes?

Moisés fue enviado con un mandato de gloria para manifestar todo el peso del Reino de Dios. Se le dieron dos profetas para que proclamaran el mensaje del Señor. La gloria siempre revela la voz y el mensaje del Señor. Su voz se aloja en su gloria. Cuando los profetas del Antiguo Testamento vieron a Dios y escucharon su voz, encontraron su gloria.

> "Y sobre la expansión que había sobre sus cabezas se veía la figura de un trono que parecía de piedra de zafiro; y sobre la figura del trono había una semejanza que parecía de hombre sentado sobre él. Y vi apariencia como de bronce refulgente, como apariencia de fuego dentro de ella en derredor, desde el aspecto de sus lomos para arriba; y desde sus lomos para abajo, vi que parecía como fuego, y que tenía resplandor alrededor.

Como parece el arcoíris que está en las nubes el día que llueve, así era el parecer del resplandor alrededor. Esta fue la visión de la semejanza de la gloria de Jehová. Y cuando yo la vi, me postré sobre mi rostro, y oí la voz de uno que hablaba".

—Ezequiel 1:26–28

Ezequiel fue llevado a la sala del trono. Vio a las cuatro criaturas vivientes, el esplendor de Dios y el fuego de su presencia. La gloria hizo que Ezequiel cayera sobre su rostro. El peso de la presencia de Dios humilló a Ezequiel. Esta es la respuesta típica a la gloria de Dios.

Cuando aparece la gloria de Dios en todo su esplendor, los caminos del hombre deben inclinarse. Las preocupaciones carnales se inclinan ante la gloria. Cuando la gloria de Dios se manifiesta, ¡los sistemas demoníacos son aplastados! Cuando la gloria de Dios se manifiesta, el temor de Dios está presente. Los profetas aman la gloria de Dios.

El trono representa el dominio. El trono de un rey es una manifestación de su gloria. El trono es el lugar donde se sienta el monarca y donde está representado el gobierno. Es imposible disociar la gloria de Dios con el gobierno de Dios. Cuando recibimos su gloria, también recibimos su gobierno e invitamos su libertad. ¡Hay un ámbito de victoria y liberación en la gloria de Dios!

DIMENSIONES DE LIBERTAD EN LA GLORIA

La expresión viva de Jesús

La gloria de Dios es una unción que se recibe por proximidad. Cuando la gloria de Dios aparece, nos acercamos a la persona de Jesús. La gloria de Dios es atmosférica.

Resplandor y majestad

La gloria manifiesta el resplandor de Jesús. De su resplandor y belleza nacen la revelación y la fuerza. Muchas veces, surgen nuevas estrategias de la gloria de Dios. La gloria de Dios trae luz y poder. La gloria de Dios abre el discernimiento y la sabiduría proféticos. La gloria de Dios nos ayuda a entender estrategias de guerra críticas.

La atmósfera en la sala del trono

Como ya se mencionó, ¡la sala del trono está llena de la gloria de Dios! Cuando la sala del trono está presente, la fuerza que gobierna el cielo también lo está, ¡trayendo la salvación, la sanidad, los milagros, la liberación y la victoria!

Una fuerza que rompe la esclavitud

¡Bajo el peso de la gloria de Dios, la esclavitud se acaba! La gloria de Dios es liberadora.

Fuego y gloria

El fuego que consume la esclavitud, las cargas y los obstáculos proviene de la gloria de Dios. En el ámbito de la gloria hay fuego tanto para la liberación personal como grupal. Cuando la gloria de Dios se mueve, también se desata un movimiento de liberación.

El peso y la presencia de Dios

Cuando el peso del cielo desciende, suceden cosas inusuales. Esto puede asustar a aquellos que no conocen el Reino de la gloria, porque el Reino de la gloria hace que sucedan cosas extrañas. Cuando el peso del cielo descansa sobre una o varias personas, ¡cualquier cosa puede pasar! El peso de la gloria nos concede influencia, favor, valor y abundancia. El peso de la gloria viene para que lo carnal mengüe y Jesús se eleve. El peso de la gloria viene para que hombres y mujeres alcancen un nuevo nivel de encuentro y de presencia con lo divino.

Los cuerpos caerán bajo el peso de la gloria de Dios. Sistemas y estructuras deteriorados se doblarán bajo el peso de la gloria y el poder de Dios. Baluartes religiosos serán confrontados y aplastados bajo el peso de la gloria de Dios.

Muchos oran pidiendo un avivamiento y un encuentro con Dios, pero forma parte de un sistema religioso disfuncional. Cuando el Rey aparezca, su gloria aplastará lo que construyeron porque es de naturaleza carnal y no espiritual. Esta es la razón por la que Dios da odres nuevos y métodos para albergar adecuadamente la gloria de Dios. Dios revela planes y estructuras para albergar su gloria.

> "Y no podían los sacerdotes estar allí para ministrar, por causa de la nube; porque la gloria de Jehová había llenado la casa de Dios".
>
> —2 Crónicas 5:14

Plata, oro y gloria

En la gloria de Dios hay provisión financiera. Cuando los hijos de Israel salieron de la esclavitud, ¡se fueron cargados de plata y oro! Se fueron cargados de riqueza y abundancia. La gloria de Dios traerá esa abundancia a nuestra vida.

> "Y haré temblar a todas las naciones, y vendrá el Deseado de todas las naciones; y llenaré de gloria esta casa, ha dicho Jehová de los ejércitos. Mía es la plata, y mío es el oro, dice Jehová de los ejércitos. La gloria postrera de esta casa será mayor que la primera, ha dicho Jehová de los ejércitos; y daré paz en este lugar, dice Jehová de los ejércitos".
>
> —Hageo 2:7–9

Sanación, maravillas y gloria

En el ámbito de la gloria ocurren milagros. Cuando Dios liberó a su pueblo de Egipto, salieron con fuerza, riquezas y poder. Creo que la gloria de Dios trajo sanidad y fortaleza en medio de ellos. El Salmo 105:37 dice: "Los sacó con plata y oro; y no hubo en sus tribus enfermo". Esta fue una manifestación del ámbito de la gloria de Dios. Hay una dimensión sanadora de la gloria de Dios.

"Pasó Jesús de allí y vino junto al mar de Galilea; y subiendo al monte, se sentó allí. Y se le acercó mucha gente que traía consigo a cojos, ciegos, mudos, mancos, y otros muchos enfermos; y los pusieron a los pies de Jesús, y los sanó; de manera que la multitud se maravillaba, viendo a los mudos hablar, a los mancos sanados, a los cojos andar, y a los ciegos ver; y glorificaban al Dios de Israel".

—Mateo 15:29–31

Jesús era la encarnación del Reino de Dios. Era la manifestación de la luz y del resplandor del cielo. A todos los lugares a los que iba, se enfrentaba a la esclavitud y desaparecían las enfermedades. Llevó todo el peso de la gloria de Dios. La agenda de Jesús consistía en hacer la voluntad del Padre. Su ministerio de sanación hizo que la gente volviera al Padre. Cuando entraban en la gloria, ¡daban a Dios la gloria! Esto causó un tsunami de gloria. Fue una manifestación de su libertad en la gloria.

La Iglesia está llamada a ser los ojos, oídos, manos y pies de Jesús. Debemos manifestar esta misma gloria en nuestras reuniones: sanaciones, expulsión de demonios, fluir profético y manifestación de milagros. Si la gloria no está presente, esto no es posible. Necesitamos volver a la gloria.

"Entonces Moisés respondió diciendo: He aquí que ellos no me creerán, ni oirán mi voz; porque dirán: No te ha aparecido Jehová. Y Jehová dijo: ¿Qué es eso que tienes en tu mano? Y él respondió: Una vara. Él le dijo: échala en tierra. Y él la echó en tierra, y se hizo una culebra; y Moisés huía de ella. Entonces dijo Jehová a Moisés: Extiende tu mano, y tómala por la cola. Y él extendió su mano, y la tomó, y se volvió vara en su mano. Por esto creerán que se te ha aparecido Jehová, el Dios de tus padres, el Dios de Abraham, Dios de Isaac y Dios de Jacob. Le dijo además Jehová: Mete ahora tu mano en tu seno. Y él metió la mano en su seno; y cuando la sacó, he aquí que su mano estaba leprosa como la nieve. Y dijo: Vuelve

a meter tu mano en tu seno. Y él volvió a meter su mano en
su seno; y al sacarla de nuevo del seno, he aquí que se había
vuelto como la otra carne. Si aconteciere que no te creyeren
ni obedecieren a la voz de la primera señal, creerán a la voz de
la postrera. Y si aún no creyeren a estas dos señales, ni oyeren
tu voz, tomarás de las aguas del río y las derramarás en tierra;
y se cambiarán aquellas aguas que tomarás del río y se harán
sangre en la tierra".

—Éxodo 4:1–9

Dios le dio a Moisés un ministerio de señales y maravillas. Este es un
ministerio muy malentendido. Dios puede hacer cosas extrañas e inusuales
en el ámbito físico. ¡Las señales no tienen el propósito de que quedemos
cautivados por ellas! Las señales están destinadas a señalar a Jesús. En
el caso de Moisés, las señales sirvieron para respaldar su mandato y su
mensaje de liberación.

Pero estas señales y maravillas suceden en el ámbito de la gloria. ¡No
podemos entrar al ámbito de la gloria y meter a Dios en una caja! El mandato de libertad, para nuestra vida, para las ciudades y para las naciones,
hace que ocurran cosas inusuales.

Una vez estaba predicando en un hotel y hablé del fuego de Dios. Anun-
cié que el fuego vendría a mi nación y al pueblo de Dios. De repente, ¡la
alarma de incendio en el edificio se disparó! Se mantuvo encendiéndose
y apagándose durante un tiempo. El personal nos dijo que no tenían idea
de lo que estaba ocurriendo. No había ningún fuego físico. ¡Sabíamos lo
que estaba pasando! Era una confirmación del mensaje.

¡Debemos sacar a Dios de la caja donde lo pusimos! Él es el creador de
todo. Cuando su libertad y su gloria se manifiesten, veremos milagros, se
desatará el ministerio profético y se producirán señales y prodigios. Ceda-
mos el paso a la gloria. No es necesario entenderlo todo. No tenemos que
tener una explicación para todo. Simplemente debemos confiar en Dios.

He visto en el espíritu que viene un movimiento de mayor gloria. He
visto que viene un movimiento de libertad en la gloria. La unción de

Jocabed es la unción de la gloria de Dios. Para que surja una generación de liberadores del Reino, debemos aprender a caminar en la gloria, a actuar en la gloria, a luchar en la gloria y prevalecer en la gloria.

Cuando Dios me mostró el movimiento que quiere llevar a cabo, vi movimientos rápidos y repentinos en la gloria que producían liberaciones masivas. Fui arrebatado en visión y vi estadios enteros llenos de gente. De repente, vino la gloria de Dios, pero con fuego y gloria. ¡Lanzaba a la gente al suelo, y la esclavitud demoníaca se quebraba bajo el peso de su Reino!

¡Yo lo creo! Creo que Dios tiene un plan para usted. Creo que Dios tiene un plan para su familia. Creo que Dios tiene un plan para la libertad de las naciones y las generaciones. Creo que Dios está desvelando los misterios del destino a una generación. Así como a Jocabed se le encomendó el nacimiento de algo especial, en nuestro tiempo Dios nos está confiando el nacimiento de sus planes especiales. Nos está invitando a elevarnos más alto en su honor y su gloria. Nos está invitando a asociarnos con sus planes para el presente. Nos está invitando a movernos en su majestad y experimentar su poder majestuoso. Nos está invitando a surgir y cumplir nuestro destino. *¡Vamos por la gloria!*

Oración profética

Padre, ¡te agradezco por la libertad en la gloria! Decreto que me liberas cuando vengo a tu gloria. Tu gloria rompe barreras, elimina cargas y trae fuerza a mi vida. Veo y discierno la operación de tu gloria. Batallo y gano en medio de tu gloria. Tu gloria me da poder para la victoria. En el nombre de Jesús, amén.

Yo decreto sobre usted...

¡Decreto la victoria en la gloria para usted! Veo que recibe planes y revelaciones del reino a medida que el resplandor de Dios se manifiesta en su vida. Cada vez se mueve en mayor gloria y libertad. Dios lo ha ungido para que viva en su presencia y experimente su autoridad poderosa en su vida. Decreto la realización de la gloria de Dios sobre usted, dentro de usted y, a través de usted. En el nombre de Jesús, amén.

Para reflexionar

- Debo aprender a caminar en la gloria, moverme en la gloria, luchar en la gloria y prevalecer en la gloria.
- ¡Encuentro mi libertad, propósito, destino, y todo lo que Dios tiene para mí, en su gloria!

DECLARACIONES

La honra

"Los sabios heredan honra, ¡pero los necios son avergonzados!".
—Proverbios 3:35, NTV

Gracias, Señor, porque soy una persona honrosa.

Decreto que vivo con honra.

Te honro, Señor.

Honro tus caminos.

Heredo tu gloria porque elijo honrarte y someterme a ti.

Declaro que honro a mis líderes.

Honro tu palabra.

Honro tus planes.

Honro tus caminos.

Honro tu voluntad en mi vida.

Honro tus vasijas y a los que has puesto en autoridad sobre mí.

Confieso que mis palabras son honrosas.

Confieso que mis acciones son honrosas.

Confieso que mi corazón está establecido en el honor y que mis pasos son honrosos.

Gracias, Señor, por la honra y la integridad en mi vida.

Decreto que amo la justicia y la verdad.

Amo tu palabra y tus caminos. Me aferro a ti y a tu verdad, Dios mío.

LA PROTECCIÓN DE DIOS

"Tú eres mi refugio; me guardarás de la angustia;
con cánticos de liberación me rodearás".

—Salmo 32:7

Decreto que camino bajo tu divina protección.

Mi vehículo está protegido.

Mis viajes están protegidos.

Decreto protección angelical.

Decreto protección sobrenatural.

Mi familia está protegida.

Mi dinero está protegido.

Mi tarea está protegida.

Mi mente está protegida de los pensamientos del enemigo.

Gracias, Padre, porque las huestes del cielo me protegen.

Gracias porque la sangre de Jesús me protege.

Gracias porque mi casa está protegida.

Mi casa es un lugar de paz.

Mi hogar está lleno de la gloria de Dios.

Ninguna arma forjada contra mí prospera.

¡Corro hacia ti, Señor, en tiempos de adversidad!

Eres mi escondite. Estoy a salvo en ti.

LOS TIEMPOS DE DIOS

"El corazón del hombre piensa su camino;
mas Jehová endereza sus pasos".

—Proverbios 16:9

Gracias, Señor, por los tiempos divinos.

Decreto que me muevo en el tiempo de Dios.

Decreto que se ordenen mis pasos.

Decreto que espero en el Señor.

Me renuevo en la espera.

La fe y la paciencia están obrando en mi vida.

No estoy delante ni detrás de Dios. Estoy justo a tiempo.

Me muevo a la velocidad del Espíritu Santo.

Camino en el tiempo del Espíritu Santo.

Camino en el momento preciso.

Soy guiado por el Espíritu de Dios.

Dios está obrando, aunque yo no sienta que es así.

Confío en Dios y en su dirección para mi vida.

EL DESPEGUE

"Porque ni del oriente ni del occidente, ni del desierto viene la victoria. Pero Dios es el juez; Él trae uno bajo, y levanta otro".

—Salmo 75:6–7

Mi desarrollo viene del Señor.

Él trae los planes correctos a mi vida en el momento adecuado.

Decreto un desarrollo divino en mi vida.

Yo decreto la exaltación de Dios en mi vida.

Sigo el plan, el tiempo y la sabiduría de Dios en mi vida.

No quiero los ascensos del hombre; sino los de Dios.

EL FAVOR DE DIOS

"Porque tú, oh Jehová, bendecirás al justo [al que está de pie contigo]; como con un escudo lo rodearás de tu favor".

—Salmo 5:12

Gracias, Señor, por el favor divino.

El favor de Dios está sobre mi vida.

El favor de Dios está sobre mi familia.

Dondequiera que voy el favor de Dios se manifiesta.

Estoy rodeado del favor de Dios.

Tengo el favor de Dios.

Tengo el favor de los hombres.

El favor de Dios obra en mí.

El favor de Dios está abriendo las puertas correctas.

El favor de Dios está cerrando las puertas equivocadas.

El favor hace que yo sea del agrado de las personas correctas en
el momento adecuado.

El favor de Dios hace que mi influencia crezca.

El favor de Dios me rodea como un escudo.

Espero el favor de Dios dondequiera que voy.

¡El favor de Dios es mío!

LA GLORIA DE DIOS

"Él [Moisés] entonces dijo: Te ruego que me muestres tu gloria".
—Éxodo 33:18

¡Señor, muéstrame tu gloria!

Quiero ver, conocer y experimentar tu gloria.

Gracias, Señor, por tu gloria en mi vida.

Porto la gloria de Dios.

Valoro la gloria de Dios.

Experimento la gloria de Dios.

Espero la gloria de Dios.

Amo la gloria pesada de Dios.

Amo la resplandeciente gloria de Dios.

Amo la gloria sanadora de Dios.

Amo la gloria del avivamiento de Dios.

Amo la gloria de oro de Dios.

Espero dimensiones inusuales de la gloria de Dios en mi vida.

A donde quiera que voy, la gloria de Dios va.

Espero la gloria y la bondad de Dios en mi vida.

Decreto que la gloria de Dio es mi porción.

Fui hecho para la gloria de Dios.

Estoy siendo transformado diariamente de gloria en gloria.

LA LIBERACIÓN

"Así que, si el Hijo os libertare, seréis verdaderamente libres".

—Juan 8:36

¡Soy un libertador!

Mi vida es una plataforma para que la libertad de Jesús se muestre y se manifieste en las vidas de otros.

No me avergüenzo del ministerio de liberación.

Odio al diablo y los demonios.

Odio las estrategias y los ataques demoníacos.

Decreto que soy libre.

Soy libre en mi mente.

Soy libre en mi cuerpo.

Soy libre en mis finanzas.

Ordeno a toda esclavitud que se rompa.

Ordeno a todos los demonios que huyan, en el nombre de Jesús.

Libero la libertad en todos los ámbitos de mi vida.

¡Gracias, Señor, que me has liberado!

LOS DOLORES DEL PARTO

"Jehová saldrá como gigante, y como hombre de guerra despertará celo; gritará, voceará, se esforzará sobre sus enemigos. Desde el siglo he callado, he guardado silencio, y me he detenido; daré voces como la que está de parto; asolaré y devoraré juntamente".

—Isaías 42:13–14

Me encanta orar.
Me encanta dar a luz tus planes y propósitos, Señor.
Decreto que doy a luz a tus planes y asignaciones.
Oro hasta alcanzar el objetivo.
Gracias, Señor, por el ministerio de intercesión en mi vida.
Percibo y reconozco los momentos divinos en oración.
No tengo miedo de parecer necio en tu presencia.
No tengo miedo de dar a luz y tener dolores de parto.
Me siento honrado de poder orar según tu voluntad.
Gracias, Señor, porque soy sensible a las peticiones de oración.

EL FUEGO

"Su cabeza y sus cabellos eran blancos como blanca lana, como nieve; sus ojos como llama de fuego; y sus pies semejantes al bronce bruñido, refulgente como en un horno; y su voz como estruendo de muchas aguas".

—Apocalipsis 1:14–15

Gracias, Señor, porque tu fuego está presente en mi vida.
Decreto el fuego y la gloria de Dios en mi vida.
Decreto limpieza por fuego.
Decreto el fuego sagrado.
Decreto que tu fuego traerá un despertar.
Gracias, Señor, por un nuevo bautismo de fuego en mi vida.
Llevo tu fuego en mi vientre.
Decreto que mi vida es un sacrificio vivo.
Oigo claramente tu voz en medio del fuego.
Vivo y camino en tu fuego.

El despertar

"Por lo cual dice: despiértate, tú que duermes, y levántate de los muertos, y te alumbrará Cristo".

—Efesios 5:14

Unge mis ojos con colirio.

Decreto que tengo nuevo entendimiento y visión profética.

Decreto que el espíritu de estupor no tiene lugar en mi vida.

Ordeno que el espíritu del letargo me abandone.

Libero un avivamiento y un despertar personal.

Decreto que soy un precursor.

Amo el amor de Dios.

Tengo encuentros con Dios.

Ardo con tu fuego.

Experimento una renovación habitual en mi vida.

Decreto un fuego, una pasión y un movimiento de Dios renovados en mi vida.

¡Me muevo con Dios!

NOTAS

Capítulo 1: ¿Qué es la unción Jocabed?

1. Bible Study Tools, s.v. "prophet", consultado el 26 de marzo de 2019, https://www.biblestudytools.com/dictionary/prophet/.
2. *Merriam-Webster*, s.v. "patient", consultado el 26 de marzo de 2019, https://www.merriam-webster.com/dictionary/patient.
3. Bill Johnson, *Manifesto for a Normal Christian Life* (self-pub., Bill Johnson Ministries, 2013), Kindle.

Capítulo 2: El misterio de la honra

1. Merriam-Webster, s.v. "honor (n.)", consultado el 27 de marzo de 2019, https://www.merriam-webster.com/dictionary/honor.
2. Diccionario de la Real Academia Española, consultado el 5 de agosto de 2019, https://dle.rae.es.
3. Bible Hub, s.v. "3513. kabad or kabed", consultado el 27 de marzo de 2019, https://biblehub.com/hebrew/3513.htm.
4. Merriam-Webster, s.v. "protocol", consultado el 27 de marzo de 2019, https://www.merriam-webster.com/dictionary/protocol.
5. Bible Hub, s.v. "1930. epidiorthoó", consultado el 27 de marzo de 2019, https://biblehub.com/greek/1930.htm.
6. Bill Johnson (@billjohnsonBJM), "In the culture of honor we celebrate who a person is without stumbling over who they are not," Twitter, 9 de abril de 2010, 2:26 p.m., https://twitter.com.

Capítulo 3: El misterio de la protección

1. John Eckhardt, *El manual del profeta* (Casa Creación).

Capítulo 4: El misterio de los tiempos de Dios

1. Merriam-Webster, s.v. "arrogante", consultado el 27 de marzo de 2019, https://www.merriam-webster.com/dictionary/arrogant.

Capítulo 5: El misterio del despegue

1. Bible Hub, s.v. "5356. phthora," consultado el 3 de abril 2019, https://biblehub.com/greek/5356.htm.

2. Merriam-Webster, s.v. "launch," consultado el 3 de abril 2019, https://www.merriam-webster.com/dictionary/launch.

Capítulo 6: El misterio del favor de Dios
1. Graham Cooke, "Training for a Life of Favor", *Brilliant Perspectives* (blog), consultado el 3 de abril 2019, https://brilliantperspectives.com.

Capítulo 8: El misterio de la gloria
1. Ruth Ward Heflin, *Revival Glory* (McDougal Publishing Co.).
2. Matt Slick, "What Is the Shekinah Glory of God?," Christian Apologetics & Research Ministry, February 13, 2017, https://carm.org.

Capítulo 9: El misterio de la liberación y de los libertadores
1. Derek Prince, *Echarán fuera demonios* (Whitaker House).

Capítulo 10: El misterio de dar a luz
1. William D. Mounce, *Mounce's Complete Expository Dictionary of Old and New Testament Words* (Zondervan).
2. Merriam-Webster, s.v. "atmosphere", consultado el 8 de abril de 2019, www.merriam-webster.com.
3. James Goll, "Travail: The Prayer That Brings Birth", *Elijah List*, January 21, 2005, http://www.elijahlist.com/words/display_word/2791.

Capítulo 11: El misterio de la protección de las semillas emergentes
1. Bible Hub, s.v. "2032. epouranios", consultado el 4 de abril de 2019, https://biblehub.com/greek/2032.htm.
2. Oxford Dictionaries, s.v. "curse", Oxford University Press, consultado el 4 de abril de 2019, https://en.oxforddictionaries.com/definition/curse.

Capítulo 12: El misterio de la debilidad
1. Charles H. Spurgeon, *Morning and Evening* (devotional), Heartlight Inc., consultado el 5 de abril de 2019, https://www.heartlight.org.

Capítulo 13: El misterio del decrecimiento momentáneo
1. Jack Hayford, *Seedtime and Harvest*, Jack Hayford Ministries, consultado el 5 de abril de 2019, www.jackhayford.org.

Capítulo 16: El misterio de la libertad en la gloria
1. Rebecca Greenwood, *Glory Warfare* (Destiny Image Publishers Inc.).

CASA CREACIÓN

Te invitamos a que visites nuestra página web, donde podrás apreciar la pasión por la publicación de libros y Biblias:

www.casacreacion.com

Para vivir la Palabra